MW01489096

CÓMO DEJAR DE PENSAR DEMASIADO

9 Pasos para eliminar la inquietud, el pensamiento excesivo y los conflictos mentales. Técnicas prácticas para aliviar la ansiedad y alcanzar el equilibrio mental.

Por:

Fabian Garcia

TABLA DE CONTENIDO

Si quieres dejar tu opinión y obtener un bonus, abre este QR Code o entra directamente en este enlace:

WWW.FABIANGARCIAINFO.COM

Sígueme en Instagram/tik tok

Fabian Garcia (@fabiangarcia)

Introducción

En el mundo acelerado de hoy, estamos constantemente bombardeados con información y distracciones, lo cual puede dificultar nuestro enfoque en el momento presente. Esta constante estimulación puede llevarnos a un ciclo interminable de pensamientos excesivos y negativos. Nos encontramos reviviendo eventos pasados o preocupándonos por el futuro, lo cual aumenta nuestro estrés y ansiedad...

"Estaba solo en la oscuridad, sentado en la habitación que había construido con años de esfuerzo. Todo lo que siempre había soñado lo tenía ahí: éxito, fama, fortuna. Pero mientras su mente corría en todas direcciones, se sentía más perdido que nunca. El ruido en su cabeza no cesaba. Era un torbellino imparable de pensamientos que lo golpeaban sin piedad, una y otra vez. Cerraba los ojos, tratando de escapar, pero nada parecía funcionar.

Cada éxito que lograba traía consigo nuevas dudas, nuevas inseguridades. "¿Qué pasará si cometo un error?", "¿Qué pensarán de mí?", "¿Y si no soy tan bueno como creen?". Estas preguntas lo atormentaban sin tregua, convirtiendo cada momento de calma en una batalla interna. La ansiedad lo devoraba desde dentro.

Por fuera, nadie lo hubiera imaginado. Era un hombre de éxito. La prensa lo idolatraba, su equipo lo admiraba, y su nombre se había convertido en sinónimo de genialidad. Pero él sabía la verdad: su mente estaba al borde del colapso. Las noches eran lo peor. Mientras el mundo dormía, él miraba al techo, atrapado en un mar de pensamientos que lo arrastraban cada vez más profundo. En el silencio de la madrugada, solo él conocía la intensidad de su tormento mental.

Y entonces, una mañana, ocurrió algo que cambió su vida para siempre.

Caminaba por su oficina cuando, de repente, su cuerpo se negó a seguir adelante. Una especie de parálisis emocional lo dominó. El miedo lo asfixiaba. Ya no podía esconder más su verdad: estaba exhausto, mental y emocionalmente. Fue en ese momento, en esa fracción de segundo, cuando se dio cuenta de que algo tenía que cambiar. No podía seguir así."

El hombre del que te hablo no es otro que Howard Schultz, el legendario creador de Starbucks. Schultz, conocido por construir un imperio mundial del café, admitió que durante mucho tiempo vivió atrapado en el ciclo del sobrepensamiento y la ansiedad. Cada decisión que tomaba parecía estar cargada de un peso monumental, y aunque el mundo lo veía como un visionario, por dentro, se sentía pequeño, inseguro, y constantemente en guerra con sus propios pensamientos.

¿Te resulta familiar?

Tal vez no estés manejando un imperio empresarial, pero probablemente también has sentido ese mismo tipo de presión. Pensamientos que te persiguen sin descanso, dudas que te hacen cuestionar cada paso que das. Tal vez has experimentado esa parálisis en la que cada decisión parece más difícil que la anterior, porque tu mente ya no para de analizar cada posible error, cada posible desastre.

Howard Schultz encontró una salida, y tú también puedes hacerlo.

Pero, para lograrlo, necesitas primero entender una cosa: el sobrepensamiento es una trampa de la mente. Atrapados en nuestras propias cabezas, perdemos la capacidad de ver el presente tal como es. Los pensamientos se enredan unos con otros, y lo que podría haber sido una simple preocupación, de repente se transforma en un monstruo imparable. Nos paraliza, nos roba el sueño, y poco a poco empieza a erosionar nuestra confianza en nosotros mismos.

Lo que Schultz, y muchas otras personas de éxito, descubrieron es que hay una manera de salir de este ciclo destructivo. Aprendieron a dominar su mente en lugar de dejar que su mente los dominara a ellos. Encontraron la forma de callar esa voz interna que insiste en recordar cada fallo, cada posibilidad de fracaso.

Y tú, ¿te sientes atrapado en esa misma espiral de sobrepensamiento?

¿Cuántas noches has pasado en vela, dándole vueltas a cosas que no puedes controlar? ¿Cuántas veces has dejado que el miedo a equivocarte te impida actuar, te detenga, te paralice? La buena noticia es que existe un camino para liberarte de este tormento. Y no importa cuántas veces hayas intentado antes sin éxito; este libro está diseñado para enseñarte un método probado, paso a paso, que te ayudará a recuperar el control de tu mente.

Vamos a desmantelar las trampas del sobrepensamiento, vamos a descubrir cómo cortar de raíz esos pensamientos que te mantienen despierto por la noche. Y lo más importante: vas a aprender a entrenar tu mente para que trabaje a tu favor, y no en tu contra.

Antes de continuar, quiero que tomes una pausa y reflexiones. ¿Cuánto tiempo has pasado en tu vida atrapado en tu mente? ¿Cuántas oportunidades has dejado pasar porque estabas demasiado ocupado pensando en lo que podría salir mal?

Ahora, hazte una promesa: "Me comprometo a dejar atrás el sobrepensamiento. Hoy empiezo a retomar el control de mi mente". Escribe esa frase. Llévala contigo. Este es el primer paso de tu proceso de transformación.

Como hizo Howard Schultz, como lo han hecho cientos de personas antes que tú, es hora de que tomes el control. A partir de hoy, aprenderás a liberarte de los pensamientos que te atormentan y a vivir con más paz y claridad mental.

Por qué tu mente no descansa

Sandra siempre había sido un poco excesiva en sus pensamientos. Era el tipo de persona que pasaba horas perdida en sus pensamientos, analizando y volviendo a analizar cada decisión que tomaba. Al principio, esta tendencia le había servido bien. Era una empresaria exitosa, siempre pensando en soluciones creativas para los problemas.

Pero con el tiempo, el exceso de pensamientos comenzó a afectar su vida. Le resultaba difícil relajarse, siempre atrapada en sus pensamientos y rumiando sobre el pasado o preocupándose por el futuro. Le costaba dormir, con su mente abrumada por todo lo que tenía que hacer y todos los posibles problemas.

A medida que sus niveles de estrés aumentaban, Sandra comenzó a recurrir a mecanismos de afrontamiento poco saludables. Empezó a beber cada vez más, intentando adormecer el constante flujo de pensamientos en su mente. Dejó de hacer ejercicio y comenzó a comer de manera poco saludable, buscando consuelo en las distracciones temporales que estos le brindaban.

Pronto, el exceso de pensamientos casi arruinó la vida de Sandra. Estaba agotada, estresada y deprimida. Apenas dormía y había ganado peso, lo que le provocó una baja autoestima y una imagen corporal negativa. Apenas lograba mantener su trabajo, luchando por concentrarse y tomar decisiones.

Solo cuando sus colegas notaron su declive, Sandra se dio cuenta de que necesitaba hacer un cambio. Sabía que no podía seguir así y estaba aterrada por el camino en el que estaba.

Entonces, decidió buscar ayuda y así terminó en mi consultorio. Juntos, comenzamos a trabajar en las causas profundas de sus pensamientos excesivos. No fue fácil; Sandra tenía mucho dolor y trauma reprimidos que debía enfrentar. Pero con la ayuda de su terapeuta (quien les habla) y un grupo de apoyo, comenzó a progresar lentamente.

Aprendió a practicar la atención plena y a traer su atención al momento presente. Trabajó en desafiar sus patrones de pensamiento negativos y encontró formas saludables de lidiar con el estrés. Comenzó a hacer ejercicio, a comer de manera más saludable y hasta comenzó a dormir mejor. Poco a poco, Sandra comenzó a recuperar su vida. Se volvió más productiva en el trabajo y comenzó a disfrutar de su tiempo libre nuevamente. Incluso inició un hobby que amaba: pintar. No fue una transformación de la noche a la mañana, pero Sandra estaba orgullosa del progreso que había logrado. Ya no era prisionera de sus propios pensamientos y podía vivir una vida más feliz y equilibrada.

Aprendió que el exceso de pensamientos puede ser una fuerza destructiva, pero con las herramientas y el apoyo adecuados, es posible romper el ciclo y vivir una vida más saludable y plena. Agradecía el viaje que había emprendido, y sabía que siempre sería un trabajo en progreso, pero estaba en paz con eso. Finalmente estaba viviendo la vida que siempre había querido, y sabía que cualquier cosa era posible.

La Tormenta en Tu Mente

A menudo escucho a las personas decir cosas como "No puedo dejar de pensar en eso" o "Simplemente no puedo deshacerme de este sentimiento". Estas afirmaciones a menudo revelan una lucha común que muchos experimentamos: la tendencia a pensar en exceso. Pero ¿por qué pensamos demasiado? ¿Es solo un mal hábito o hay algo más profundo en juego? En este capítulo, exploraremos las razones psicológicas y fisiológicas detrás del exceso de pensamientos, así como el papel de las experiencias pasadas y el trauma en el desarrollo de patrones de pensamientos negativos. También examinaremos la relación entre el exceso de pensamientos y diversos problemas de salud mental, como la ansiedad y la depresión, y cómo los factores sociales y culturales contribuyen a esta tendencia. Finalmente, profundizaremos en la importancia de comprender las causas raíz de los pensamientos tóxicos para poder abordarlos de manera efectiva. Así que, vamos a sumergirnos en estos temas.

Las Razones Psicológicas y Fisiológicas

Primero, comencemos con lo básico. ¿Qué es exactamente el exceso de pensamiento? Pensar demasiado ocurre cuando nos quedamos atrapados en un ciclo de rumiación, pensando obsesivamente en algo hasta el punto de que empieza a interferir en nuestra vida diaria. Se siente como un bucle interminable de pensamientos negativos, que puede ser agotador y abrumador.

Entonces, ¿por qué lo hacemos? Hay varios factores en juego. Algunas personas piensan en exceso como un mecanismo de afrontamiento, tratando de entender una situación difícil o encontrar una solución a un problema. Otros piensan en exceso debido a una falta de confianza o baja autoestima, rumiando sobre sus supuestas deficiencias y fracasos.

Pero no es solo nuestra psicología la que desempeña un papel en el exceso de pensamiento. También hay un componente fisiológico a considerar. Nuestros cerebros están diseñados para buscar patrones y hacer conexiones, lo cual puede ser útil en ciertas situaciones. Sin embargo, esta tendencia también puede llevarnos a pensar en exceso cuando nuestra mente se fija en un pensamiento o emoción particular.

Es como cuando tienes una canción pegada en la cabeza. No puedes dejar de cantar ese verso, por más que lo intentes. Tu cerebro sigue volviendo a él, una y otra vez. Así se siente el exceso de pensamiento: como si no pudieras deshacerte de un pensamiento o emoción por más que lo intentes. El córtex prefrontal, ubicado en la parte frontal del cerebro, es responsable de funciones cognitivas superiores como la planificación, la resolución de problemas y la toma de decisiones. También está involucrado en el control de emociones y comportamientos. Pensar en exceso suele estar asociado con una actividad excesiva en el córtex prefrontal, ya que la persona puede quedarse atrapada en un ciclo de análisis y reanálisis de una situación o problema. Sin embargo, es importante notar que el cerebro es un órgano complejo y que diversas áreas y sistemas cerebrales están involucrados en varios procesos mentales.

Otros Factores que Conducen al Exceso de Pensamiento

1. **Ansiedad:** La ansiedad es una respuesta normal al estrés y puede ser causada por una variedad de factores, incluidos la genética, el entorno y las experiencias de vida. Se caracteriza por sentimientos de preocupación, nerviosismo e inquietud, a menudo acompañados de síntomas físicos como aumento del ritmo cardíaco, dificultad para respirar y tensión muscular. Las personas con ansiedad pueden experimentar rumiación excesiva sobre pensamientos negativos y preocuparse en exceso por cosas que pueden o no suceder. Esto puede dificultar la concentración, causar problemas para dormir y generar una sensación general de estar abrumado.

2. **Depresión:** La depresión es un trastorno del estado de ánimo caracterizado por sentimientos persistentes de tristeza, desesperanza e inutilidad. También puede causar cambios en el apetito, patrones de sueño, niveles de energía y concentración. Las personas con depresión pueden experimentar pensamientos negativos y rumiar sobre estos pensamientos, creando un ciclo de patrones de pensamiento negativos. La depresión puede ser causada por una variedad de factores, como genética, experiencias de vida y desequilibrios químicos en el cerebro.

3. **Rasgos de personalidad:** Algunos rasgos de personalidad pueden hacer que algunas personas sean más propensas a pensar en exceso. Los perfeccionistas, por ejemplo, pueden rumiar sobre sus errores y esforzarse por alcanzar estándares poco realistas, lo que los lleva a preocuparse en exceso y pensar de manera negativa. Las personas con tendencias obsesivo-compulsivas también pueden experimentar una rumiación excesiva sobre ciertos pensamientos o comportamientos.

4. **Falta de sueño:** No dormir lo suficiente puede causar fatiga y dificultad para concentrarse, lo que contribuye al exceso de pensamiento. La falta de sueño puede ser causada por factores como

una higiene del sueño deficiente, condiciones médicas y ciertos medicamentos.

5. **Abuso de sustancias:** El abuso de sustancias, especialmente el alcohol y ciertas drogas, puede alterar la química cerebral y llevar a pensamientos distorsionados y rumiación. El abuso de sustancias también puede causar dependencia física y psicológica.

6. **Transiciones de vida:** Las transiciones de vida importantes, como comenzar un nuevo trabajo o terminar una relación, pueden causar estrés e incertidumbre, lo que puede llevar al exceso de pensamiento. Estas transiciones pueden ser emocionantes y positivas, pero también pueden ser abrumadoras.

Es importante señalar que todos experimentamos el exceso de pensamiento en cierto grado, y es una parte normal de ser humano. Sin embargo, el exceso de pensamiento puede convertirse en un problema si comienza a interferir en la vida diaria y causa angustia significativa.

Experiencias Pasadas y Trauma

Ahora hablemos del papel que pueden jugar las experiencias pasadas y el trauma en el desarrollo de patrones de pensamiento negativo. Si hemos experimentado abuso o negligencia en el pasado, es posible que tengamos una mayor tendencia a pensar en exceso como una forma de afrontar el dolor y el trauma. Del mismo modo, si hemos tenido una serie de experiencias negativas, como rupturas de relaciones o fracasos laborales, es posible que nos volvamos más propensos al pensamiento negativo y al exceso de pensamiento.

Es como cuando terminas con tu pareja y no puedes dejar de pensar en todas las cosas que hiciste mal en la relación. O cuando te pasaron por alto para una promoción y sigues repasando en tu mente todos los errores que cometiste. Estas experiencias pasadas pueden moldear nuestros patrones de pensamiento y hacernos más propensos al exceso de pensamiento en el futuro.

La Relación entre el Exceso de Pensamiento y los Problemas de Salud Mental

Según un estudio de Nolen-Hoeksema y colaboradores, el exceso de pensamiento está relacionado con una variedad de problemas de salud mental, no solo la depresión evidente. Puede provocar o empeorar trastornos alimentarios, trastornos del sueño, ansiedad, estrés postraumático y otros problemas que definitivamente no deseamos.

El exceso de pensamiento también puede ser un síntoma de problemas de salud mental, como la ansiedad y la depresión. Las personas que luchan con ansiedad pueden pensar en exceso como una forma de tratar de controlar o prevenir resultados negativos, mientras que aquellos con depresión pueden rumiar sobre pensamientos y sentimientos negativos como una forma de lidiar con su bajo estado de ánimo.

En estos casos, el exceso de pensamiento puede convertirse en un ciclo vicioso, donde los pensamientos y sentimientos negativos se alimentan mutuamente y agravan el problema subyacente de salud mental. Es importante reconocer la relación entre el exceso de pensamiento y los problemas de salud mental, ya que abordar el problema subyacente puede ayudar a reducir la tendencia a pensar en exceso.

Cómo los Factores Sociales y Culturales Contribuyen al Exceso de Pensamiento

Ahora, centrémonos en cómo los factores sociales y culturales pueden contribuir a la tendencia de pensar en exceso. Como terapeuta, a menudo veo cómo estos factores pueden influir en las personas a pensar demasiado. En muchas culturas occidentales, existe un fuerte énfasis en el individualismo y la necesidad de ser autosuficiente. Esto puede llevar a una obsesión con el éxito y la perfección, ya que las personas intentan cumplir con las expectativas que la sociedad les impone.

Por ejemplo, en algunas culturas, existe un gran énfasis en los logros académicos y profesionales. Esto puede hacer que las personas piensen en exceso sobre sus decisiones, preocupándose por si están tomando las "decisiones correctas" para tener éxito. Puede que se cuestionen constantemente y duden de sus acciones, generando un ciclo de rumiación y estrés.

Las expectativas sociales y culturales también pueden impactar nuestras relaciones y sentido de pertenencia. En algunas culturas, hay un fuerte énfasis en estar en una relación romántica y formar una familia. Esto puede llevar a las personas a pensar en exceso sobre sus relaciones, preocupándose por si son "lo suficientemente buenas" para su pareja o si su relación es "normal". Es posible que se comparen constantemente con otros e intenten cumplir con ciertos estándares, lo cual puede llevar a una tendencia a pensar en exceso.

Además, las normas sociales y culturales pueden influir en la forma en que pensamos sobre nosotros mismos y nuestros cuerpos. En algunas culturas, hay un énfasis en la delgadez y la apariencia física, lo que lleva a las personas a sobrepensar sobre su apariencia y preocuparse por si cumplen con ciertos estándares. Esto puede llevar a una imagen corporal negativa y baja autoestima.

En general, las expectativas sociales y culturales pueden jugar un papel importante en nuestra tendencia a pensar en exceso. Al reconocer el impacto que estos factores pueden tener en nuestros patrones de pensamiento, podemos trabajar para desafiarlos y desmantelarlos, y crear una forma de pensar más equilibrada y saludable.

Es importante recordar que todos tenemos la tendencia a pensar en exceso de vez en cuando, y no necesariamente es algo malo. De hecho, un poco de reflexión puede ser útil en ciertas situaciones. Puede ayudarnos a resolver problemas y encontrar soluciones creativas. Sin embargo, cuando el pensamiento se vuelve crónico y comienza a interferir en nuestra vida diaria, es momento de tomar acción.

Por Qué Debes Llegar a la Causa Raíz

Es importante comprender las causas raíz de los pensamientos tóxicos para abordarlos de manera efectiva, porque sin esta comprensión, resulta difícil cambiar los patrones de pensamiento negativos. Los pensamientos tóxicos pueden estar profundamente arraigados y ser el resultado de experiencias pasadas o traumas, o pueden estar influenciados por las expectativas sociales y culturales. Al comprender las causas raíz, podemos entender mejor por qué tenemos estos pensamientos y de dónde provienen, lo cual puede ser un primer paso importante para cambiarlos.

Por ejemplo, si alguien tiene pensamientos tóxicos sobre su valor como persona, entender la causa raíz de estos pensamientos puede ser crucial para cambiarlos. Si estos pensamientos son el resultado de un trauma pasado, como abuso o negligencia, abordar el trauma y trabajarlo con un terapeuta puede ser un paso importante para cambiar los pensamientos tóxicos. Por otro lado, si estos pensamientos son el resultado de expectativas sociales o normas culturales, entender cómo estas expectativas y normas están influyendo en nuestros pensamientos puede ser un primer paso crucial para desafiarlos y cambiarlos.

Otra razón por la que creo firmemente que es importante comprender las causas raíz de los pensamientos tóxicos es que estos pensamientos a menudo están entrelazados con nuestro sentido de identidad y autoestima. Por ejemplo, alguien que tiene pensamientos tóxicos sobre su inteligencia puede creer que su inteligencia los define como persona. Si este es el caso, cambiar estos pensamientos tóxicos puede ser difícil, ya que puede parecer que estamos desafiando una parte fundamental de nuestra identidad. Al comprender las causas raíz de estos pensamientos tóxicos, podemos entender mejor cómo encajan en nuestro sentido general de identidad y trabajar para desafiarlos y cambiarlos de una manera más holística.

Finalmente, comprender las causas raíz de los pensamientos tóxicos puede ser importante para nuestro bienestar general y salud mental. Los pensamientos tóxicos pueden tener un impacto negativo en nuestro estado de ánimo, autoestima y relaciones, y pueden contribuir a problemas de salud mental como la ansiedad y la depresión. Sabes cómo es. Los pensamientos comienzan pequeños e inofensivos, pero si los pensamos lo suficiente, parecen cobrar vida propia. La mera presencia de ese vecino que no te agrada o ese colega en el que no puedes dejar de pensar es suficiente para darte una migraña o dolor de estómago, y condiciones aún peores si no controlas tu mente hiperactiva.

Al comprender las causas raíz de estos pensamientos, podemos tomar medidas para abordarlos y mejorar nuestro bienestar general. Conocer los detalles profundos de las raíces de nuestros pensamientos nos ayuda a entender mejor por qué pensamos y actuamos como lo hacemos y cómo nuestros pensamientos encajan en nuestro sentido de identidad. También puede ser un primer paso importante para abordar y cambiar estos pensamientos, lo cual puede tener un impacto positivo en nuestra salud mental y bienestar general. Algunos de los pasos que valdría la pena tomar incluyen buscar tratamiento para un problema de salud mental subyacente, trabajar en experiencias pasadas y traumas, o desafiar y desmantelar las expectativas sociales y culturales que contribuyen a patrones de pensamiento negativos.

Es importante recordar que abordar los pensamientos tóxicos es un proceso, y no es algo que suceda de la noche a la mañana. Puede llevar tiempo y esfuerzo, pero puedes romper el ciclo del exceso de pensamiento y desarrollar patrones de pensamiento más saludables y equilibrados. Afortunadamente, estás haciendo lo correcto al leer este libro. El hecho de que estés tomando acción significa que estás en camino a encontrar la calma dentro del torbellino que es tu mente.

Cómo el pensar Demasiado sabotea tu vida

Era una tarde típica de miércoles cuando recibí la llamada de María. Se sentía abrumada y ansiosa, luchando por encontrar algo de paz. A medida que hablábamos, quedó claro que María era una persona paranoica. Rumiaba cada pequeño detalle, desde lo que dijo en una reunión hasta lo que debería preparar para la cena. Estaba exhausta, y su exceso de pensamiento estaba afectando todos los aspectos de su vida. Había desarrollado problemas digestivos graves, no dormía bien y, naturalmente, esto afectaba su rendimiento en el trabajo. Además, no podía estar presente para su esposo e hijos con todo el amor y cuidado que hubiera querido, ya que estaba demasiado ocupada preocupándose por todo. Y el hecho de que tuviera problemas estomacales ciertamente no ayudaba.

Si eres un pensador excesivo como María, no estás solo. De hecho, se estima que alrededor del 70% de las personas entre 25 y 35 años luchan con la rumiación excesiva en algún momento de sus vidas. De las personas entre 45 y 55 años, aproximadamente el 52% luchan por mantener bajo control su pensamiento crónico. Aunque cierta cantidad de pensamiento y resolución de problemas es normal e incluso necesaria, el exceso de pensamiento puede tener serias consecuencias negativas.

Cómo Pensar Demasiado Afecta la Salud Física

Pensar en exceso puede ser un gran desgaste para nuestra salud física, y no solo porque es agotador estar constantemente rumiando sobre nuestros problemas. Resulta que toda esa preocupación puede tener consecuencias bastante serias para nuestro cuerpo.

Para empezar, el exceso de pensamiento se ha asociado con varios problemas de salud relacionados con el estrés, como la presión arterial alta, enfermedades cardíacas e incluso un sistema inmunológico debilitado. Esto se debe a que el ciclo constante de pensamientos negativos y ansiedad que acompaña al exceso de pensamiento puede liberar hormonas de estrés como el cortisol en nuestro torrente sanguíneo, lo que puede pasar factura a nuestro cuerpo con el tiempo.

Pero los efectos del exceso de pensamiento no se detienen ahí. También puede interferir con nuestro sueño, que es esencial para mantener una buena salud física. Cuando estamos constantemente repasando escenarios en nuestra cabeza y tratando de resolver problemas, puede ser difícil relajarnos y dormir, lo que lleva a insomnio o a un sueño de mala calidad. Y como sabemos, la falta de sueño puede dar lugar a toda una serie de problemas de salud, como fatiga, aumento de peso e incluso un mayor riesgo de accidentes.

Pero no todo es pesimismo. Podemos hacer cosas para combatir los efectos negativos del exceso de pensamiento en nuestra salud física. Por ejemplo, encontrar formas de gestionar el estrés, como el ejercicio, técnicas de mindfulness o hablar con un personas de nuestro entorno, puede ayudar a reducir el nivel de cortisol en nuestro cuerpo y mejorar nuestra salud en general. Reservar tiempo para relajarnos antes de dormir, como leer un libro o practicar técnicas de relajación, también puede ayudarnos a mejorar el sueño y darle a nuestro cuerpo el descanso que necesita.

Y si aún luchas contra el exceso de pensamiento a pesar de tus mejores esfuerzos, vale la pena considerar el humor como un posible remedio. Se ha demostrado que la risa reduce el estrés y mejora la salud física en general, por lo que ver un programa divertido o pasar el rato con tu mejor amigo "Antonio", que tiene todos los chistes, podría ser justo lo que recetó el doctor.

Qué Le Hace el Exceso de Pensamiento a Tu Mente

Pensar demasiado puede tener un impacto significativo en nuestra salud mental, dando lugar a una serie de consecuencias negativas que pueden interferir con nuestra vida diaria. Una de las principales maneras en que el exceso de pensamiento puede afectar nuestra salud mental es causando y exacerbando la ansiedad y el estrés. Cuando rumiamos sobre nuestros problemas o nos preocupamos excesivamente por el futuro, puede crearse un ciclo de pensamientos y emociones negativas que puede ser difícil de romper. Este estado constante de preocupación puede llevar a síntomas de ansiedad, como dificultad para concentrarse, irritabilidad y trastornos del sueño. En casos graves, puede incluso conducir a ataques de pánico u otros trastornos de ansiedad.

El exceso de pensamiento también puede contribuir al desarrollo de la depresión. Cuando nos quedamos atrapados en patrones de pensamiento negativo, puede ser difícil ver lo bueno en nuestras vidas y encontrar disfrute en nuestras actividades diarias. Esto puede llevar a sentimientos de desesperanza y falta de motivación, que son síntomas comunes de la depresión.

Además de la ansiedad y la depresión, el exceso de pensamiento también puede provocar sentimientos de aislamiento y soledad. Cuando estamos constantemente perdidos en nuestros propios pensamientos, puede ser difícil interactuar con los demás y formar conexiones significativas. Esto puede llevar a una sensación de desconexión y a la falta de apoyo social, lo cual puede ser perjudicial para nuestra salud mental.

El exceso de pensamiento también puede afectar nuestra capacidad para tomar decisiones y nuestra confianza en nosotros mismos. Cuando estamos constantemente cuestionándonos o pensando en las posibles consecuencias de nuestras acciones, puede ser difícil tomar decisiones con claridad y convicción. Esto puede llevar a la indecisión y a una falta de confianza en nuestras propias habilidades, lo cual puede limitarnos tanto en nuestra vida personal como profesional.

Tu Vida Social

Una de las principales maneras en que el exceso de pensamiento afecta la vida social es haciéndonos sentir más aislados y solos. Cuando estamos constantemente perdidos en nuestros pensamientos, puede ser difícil interactuar con los demás y formar conexiones significativas. También es menos probable que busquemos actividades sociales u oportunidades para conectarnos con los demás, lo que puede contribuir aún más a los sentimientos de aislamiento.

Otro aspecto, es puede afectar nuestra capacidad para comunicarnos con los demás y formar relaciones. Cuando estamos constantemente dudando de nosotros mismos o preocupados por lo que los demás piensan de nosotros, puede ser difícil estar presentes y participar en conversaciones o interacciones sociales. Esto puede llevar a malentendidos y falta de comunicación, lo cual puede dañar nuestras relaciones.

Además, puede interferir con nuestra capacidad para disfrutar de actividades sociales y divertirnos. Cuando estamos preocupados por nuestros pensamientos y preocupaciones, puede ser difícil participar plenamente y disfrutar de las experiencias sociales. Esto puede llevar a sentimientos de frustración o aburrimiento, y podemos comenzar a evitar situaciones sociales por completo.

En general, el exceso de pensamiento puede tener un impacto significativo en nuestra vida social y nuestras relaciones, pero con algo de cuidado personal y estrategias para gestionar nuestros pensamientos, podemos mejorar nuestra capacidad para conectarnos con los demás y disfrutar de las interacciones sociales.

Reducción de la Productividad y Menores Probabilidades de Éxito

El exceso de pensamiento puede ser un gran obstáculo para el éxito y la productividad en la vida. Puede llevar a la indecisión, la ansiedad y la falta de acción. Podemos quedar atrapados en nuestra propia mente y consumirnos con pensamientos y dudas negativas. Esto puede impedirnos dar los pasos necesarios para avanzar y lograr nuestros objetivos.

Una de las principales maneras en que el exceso de pensamiento puede arruinar nuestras posibilidades de éxito es haciendo que procrastinemos. Cuando constantemente nos cuestionamos y nos preocupamos por posibles problemas, puede ser difícil motivarnos para actuar. Podemos encontrarnos constantemente retrasando tareas o poniendo excusas sobre por qué no podemos comenzar. Esto puede llevar a una falta de progreso y, en última instancia, limitar nuestro potencial.

Cuando nos preocupamos excesivamente por cosas que pueden o no suceder, puede pasar factura a nuestra salud. Esto puede dificultar el sueño, la concentración y nuestra felicidad general. Todos estos factores pueden dificultar que seamos productivos y exitosos.

Otra manera en que el exceso de pensamiento puede limitarnos es haciéndonos dudar de nosotros mismos y de nuestras habilidades. Cuando constantemente cuestionamos nuestras decisiones y acciones, puede ser difícil tener confianza en nosotros mismos. Esta falta de confianza puede impedirnos asumir riesgos o intentar cosas nuevas, lo que puede limitar nuestro potencial de crecimiento y éxito.

Además, puede hacernos perder de vista el panorama general. Cuando nos atrapamos en los detalles y los "qué pasaría si", es fácil perder de vista nuestras metas a largo plazo y los pasos que necesitamos dar para alcanzarlas. Esto puede llevar a una falta de enfoque y dirección, haciendo que sea difícil hacer progresos significativos.

Para evitar los efectos negativos, es importante tomar medidas para gestionar nuestros pensamientos y emociones.

Puede ser útil rodearse de personas positivas y de apoyo que puedan ofrecer orientación y aliento. Estas personas pueden ayudarnos a mantenernos centrados y enfocados en nuestras metas, en lugar de perdernos en nuestros propios pensamientos. Es igualmente importante ser pacientes y amables con nosotros mismos. Es natural tener dudas y preocupaciones, pero es importante no dejar que se apoderen de nosotros.

Tomando Acción para Calmar la Mente

Al aprender a manejar nuestros pensamientos y emociones, podemos evitar que el exceso de pensamiento arruine nuestras oportunidades de éxito y dificulte nuestra productividad. Intenta ser más consciente y vivir en el presente en lugar de pensar demasiado en el pasado o el futuro. Esto te ayudará a ser más exitoso y productivo en la vida.

Rompiendo el Ciclo de Pensamientos Negativos

Entonces, ¿qué podemos hacer para romper el ciclo de pensar en exceso? Seguramente te has sentido identificado con alguno de los factores que hemos explorado hasta ahora. Es natural, ya que estos elementos forman parte de la experiencia humana y son responsables, en mayor o menor medida, de ese exceso de pensamiento que tanto nos abruma.

Primero, es importante reconocer las consecuencias negativas de pensar demasiado y cómo afecta nuestra salud, felicidad y éxito. Esta conciencia puede ser una poderosa motivación para el cambio. Existen varias estrategias que pueden ayudarnos a gestionar el exceso de pensamiento, entre ellas:

Practicar el mindfulness:

Hay muchas maneras de practicar la atención plena, como a través de la meditación, el yoga o simplemente respirando profundamente y prestando atención a tu entorno. La atención plena es un estado mental que se logra al enfocar la conciencia en el momento presente, aceptando de manera calmada los sentimientos, pensamientos y sensaciones corporales, usado como una técnica terapéutica. Practicar el mindfulness puede ser una herramienta poderosa para combatir el exceso de pensamiento, ya que este es un problema común que puede causar estrés, ansiedad y otras emociones y comportamientos negativos.

Uno de los principales beneficios del mindfulness es que ayuda a cultivar una actitud de no juicio hacia nuestros propios pensamientos y sentimientos. Cuando estamos atrapados en el exceso de pensamiento, tendemos a quedar atrapados en un ciclo de autocrítica y rumiación, lo cual puede ser perjudicial para nuestra salud mental y bienestar. Practicando el mindfulness, podemos aprender a observar nuestros pensamientos y sentimientos sin dejarnos atrapar por ellos ni reaccionar de manera negativa. Esto puede ayudar a romper el ciclo y permitirnos abordar nuestros pensamientos y sentimientos con calma y claridad.

Participar en actividad física:

El ejercicio es una herramienta poderosa para superar la esta tendencia, ya que puede ayudar a mejorar nuestro bienestar físico y mental de varias maneras. Cuando hacemos ejercicio regularmente, nuestros cuerpos liberan endorfinas, que son químicos que pueden mejorar nuestro estado de ánimo y reducir sentimientos de estrés y ansiedad, lo cual es especialmente útil para combatir el exceso de pensamiento.

Además de los efectos positivos en el estado de ánimo, el ejercicio también puede mejorar nuestra capacidad para concentrarnos. Cuando pensamos demasiado, puede ser difícil mantenernos enfocados y presentes, lo que puede generar un ciclo de pensamientos negativos. Al hacer ejercicio regularmente, podemos mejorar nuestra función cognitiva y aumentar nuestra capacidad para estar presentes, lo cual es una forma efectiva de romper el ciclo de pensamientos excesivos.

Buscar apoyo:

Hablar con un terapeuta, un amigo o un miembro de la familia de confianza puede ser una forma útil de procesar pensamientos y sentimientos y ganar perspectiva. Puede ser especialmente útil hablar con alguien que sea objetivo y no esté emocionalmente involucrado en los problemas que estás enfrentando.

Establecer límites para la rumiación:

Puede ser útil reservar un tiempo específico cada día para reflexionar y resolver problemas, en lugar de permitir que los pensamientos se descontrolen durante todo el día. Esto podría implicar apartar unos minutos cada día para escribir en un diario, hablar con una persona de confianza, o designar un "tiempo de preocupación" diario para enfocarte en tus inquietudes. Si no tienes una persona con quien poderte desahogar, escribir en un diario es una excelente alternativa: imagina que es como sacar la basura en lugar de dejarla en la cocina y que empiece a oler mal. Esto también te permitirá dormir mejor y despertar mejor preparado para enfrentar el día.

Usar técnicas cognitivo-conductuales:

La terapia cognitivo-conductual (TCC) puede ser una forma efectiva de identificar y desafiar los patrones de pensamiento negativos y desarrollar maneras más útiles de pensar. La TCC implica trabajar con un terapeuta para identificar pensamientos y comportamientos negativos y reemplazarlos por otros más útiles.

El exceso de pensamiento es un desafío común, pero no tiene por qué controlar nuestras vidas. Al reconocer las consecuencias negativas del exceso de pensamiento e implementar estrategias para gestionarlo, podemos mejorar nuestra salud, felicidad y éxito.

Así que, si eres un pensador excesivo como Maria (que, por cierto, está mucho mejor hoy en día), ¡no desesperes! Hay esperanza, y con algo de esfuerzo y determinación, puedes aprender a romper el ciclo de la rumiación excesiva y encontrar mayor paz y felicidad. Recuerda: no estás solo, y hay ayuda disponible.

Supera tus Límites con una Mente Positiva

Mejora de la autoestima: Un estudio publicado en el Journal of Positive Psychology exploró cómo la práctica del pensamiento positivo y la autoafirmación impacta la autoestima. En esta investigación participaron 150 personas de entre 18 y 45 años, todas con niveles de autoestima variados. Durante seis semanas, los participantes dedicaron unos minutos diarios a escribir tres cualidades positivas sobre sí mismos y a reflexionar sobre un logro personal significativo.

Los resultados fueron sorprendentes. Más del 70% de las personas que practicaron estas actividades reportaron una mejora notable en su percepción personal. Estas personas comenzaron a enfocar su atención en sus fortalezas, lo que redujo significativamente sus niveles de autocrítica. Incluso después de terminar el experimento, muchos participantes afirmaron que los beneficios emocionales y cognitivos se mantuvieron durante varias semanas.

El estudio también resaltó la capacidad del pensamiento positivo para generar un cambio duradero. Al tomar un momento cada día para reconocer sus cualidades y logros, los participantes lograron crear un ciclo positivo de retroalimentación emocional. En lugar de centrarse en sus defectos o fracasos, su enfoque se desplazó hacia aspectos de los que podían sentirse orgullosos. Este cambio no solo fortaleció su autoestima, sino que también les dio una sensación renovada de autocompasión y respeto hacia sí mismos.

Los investigadores concluyeron que el pensamiento positivo y las autoafirmaciones son herramientas accesibles y efectivas para quienes buscan fortalecer su autoestima. Al incluir pequeños ejercicios diarios, como escribir cualidades positivas o reflexionar sobre logros pasados, cualquier persona puede iniciar un camino hacia una autopercepción más saludable y equilibrada. Esta práctica, aunque simple, tiene el poder de transformar profundamente cómo nos vemos y nos relacionamos con nosotros mismos, ofreciendo una base sólida para una vida emocional más plena y satisfactoria.

Max siempre había luchado con emociones y pensamientos negativos. Se sentía ansioso y deprimido gran parte del tiempo y le costaba encontrar alegría en la vida. Había probado muchas maneras de intentar sentirse mejor, pero nada parecía funcionar.

Un día, mientras hablaba apasionadamente sobre el estudio apenas mencionado, Max, un amigo curioso y reflexivo, no pudo evitar interesarse. Sus ojos se iluminaron con esa chispa característica de alguien que acaba de descubrir algo que podría cambiar su vida. Me miró fijamente, como si en mis palabras hubiese encontrado una clave que le faltaba.

"¿Crees que realmente funcione?", me preguntó con una mezcla de escepticismo y esperanza.

"Solo hay una manera de saberlo", le respondí con una sonrisa.

Decidió intentarlo. No lo hizo con reservas, sino con una entrega que me sorprendió. Max, que solía dudar de este tipo de enfoques, se sumergió en el proceso con una dedicación que incluso yo no esperaba. Lo que sucedió después no solo lo transformó a él, sino que reafirmó en mí la importancia de entender y aplicar este conocimiento.

Al principio, le resultaba difícil pensar positivamente. Cada vez que intentaba centrarse en las cosas buenas de su vida, sus pensamientos negativos volvían a aparecer. Pero Max estaba decidido a hacer un cambio, así que persistió.

Empezó fijándose pequeñas metas cada día. Hacía una lista de cosas por las que estaba agradecido y trataba de encontrar el lado bueno incluso en las situaciones más difíciles. También hizo un esfuerzo por estar más presente en el momento, enfocándose en el aquí y ahora en lugar de quedarse en el pasado o preocuparse por el futuro.

A medida que Max continuaba practicando el pensamiento positivo, comenzó a notar una diferencia en su estado de ánimo y en su perspectiva de la vida. Se sentía más seguro y optimista y era capaz de enfrentar los desafíos con mayor facilidad. También encontró que sus relaciones con los demás mejoraron, ya que era más abierto y positivo con las personas a su alrededor.

Uno de los cambios más significativos que Max experimentó fue un aumento en su autoestima. Siempre había luchado con baja autoestima, pero al centrarse en los aspectos positivos de sí mismo y de su vida, comenzó a sentirse más digno y merecedor de felicidad.

En general, el camino de Max para transformar su vida a través del pensamiento positivo fue largo y a veces difícil. Pero valió la pena, ya que aprendió a cultivar una mentalidad más positiva que le brindó mayor alegría, satisfacción y propósito.

Pensamiento positivo y resiliencia: La investigación de Barbara Fredrickson sobre la "teoría de la ampliación y construcción de las emociones positivas" explica cómo los pensamientos positivos ayudan a las personas a construir recursos psicológicos y enfrentar mejor el estrés. Sus estudios muestran que las personas que practican el pensamiento positivo desarrollan resiliencia, aumentando su capacidad para manejar desafíos. Esto se relaciona con la manera en que Max aprende a enfrentar los problemas con mayor facilidad

¿Qué es el Pensamiento Positivo y por Qué es Bueno para Ti?

El pensamiento positivo es la práctica de enfocarse en lo bueno de una situación, en lugar de quedarse atrapado en lo negativo. Es una mentalidad que puede traer numerosos beneficios para la salud física y mental de una persona, así como para su bienestar general.

Otro de los beneficios más importantes del pensamiento positivo es que puede mejorar la salud física. Estudios han demostrado que las personas que practican el pensamiento positivo tienen un sistema inmunológico más fuerte, una presión arterial más baja y son menos propensas a experimentar condiciones relacionadas con el estrés, como enfermedades cardíacas y depresión. Esto se debe a que el pensamiento positivo promueve la producción de endorfinas, que son químicos naturales en el cerebro que actúan como analgésicos y elevadores del estado de ánimo.

Además de mejorar la salud física, el pensamiento positivo también puede tener un impacto significativo en la salud mental. Las personas que practican el pensamiento positivo tienen una perspectiva más optimista de la vida y son menos propensas a experimentar emociones negativas como la ansiedad y la depresión. También son más resilientes frente a los desafíos y contratiempos, ya que son capaces de encontrar el lado positivo en situaciones difíciles y recuperarse con mayor rapidez.

Otro beneficio del pensamiento positivo es que puede conducir a mejores conexiones sociales. Las personas que son positivas y optimistas suelen ser más agradables y tienen más probabilidades de formar relaciones significativas con otros. Esto se debe a que el pensamiento positivo promueve una sensación de alegría y positividad que es contagiosa y atrae a los demás.

Además de los beneficios mencionados, el pensamiento positivo también puede llevar a un aumento en la productividad y el éxito. Cuando una persona es positiva y optimista, es más probable que tome acción y persiga sus metas con entusiasmo. Esto puede llevar a un mayor éxito tanto en lo personal como en lo profesional.

Es importante señalar que el pensamiento positivo no se trata de negar o ignorar emociones o situaciones negativas. Más bien, se trata de encontrar una forma de ver lo bueno en una situación, incluso cuando las cosas son difíciles. Esto se puede lograr a través de varias técnicas, como practicar la gratitud, establecer intenciones positivas y replantear los pensamientos negativos.

Cómo Replantear Pensamientos Negativos

Los pensamientos negativos pueden ser persistentes y perjudiciales para nuestra salud mental. Pueden hacernos sentir ansiosos, estresados y deprimidos, y afectar nuestro comportamiento y relaciones. Sin embargo, la buena noticia es que podemos aprender a replantear estos pensamientos negativos y obtener una perspectiva más positiva. Aquí tienes algunos pasos que puedes seguir para replantear pensamientos negativos:

1. **Identifica el pensamiento negativo.** El primer paso para replantear un pensamiento negativo es reconocer cuándo está ocurriendo. Presta atención a tu diálogo interno y trata de atraparte cuando tengas un pensamiento negativo.

2. **Desafía el pensamiento.** Una vez que hayas identificado el pensamiento negativo, pregúntate si es realmente cierto. ¿Hay alguna evidencia que lo respalde, o es solo una interpretación negativa de los eventos?

3. **Busca perspectivas alternativas.** En lugar de quedarte atrapado en el pensamiento negativo, intenta ver la situación desde diferentes ángulos. ¿De qué otras maneras podrías interpretar el evento o la situación?

4. **Usa el diálogo interno positivo.** Una vez que hayas identificado y desafiado el pensamiento negativo, intenta replantearlo de una manera más positiva. En lugar de decir "No puedo hacer esto", intenta decir "No estoy seguro de poder hacerlo todavía, pero estoy dispuesto a intentarlo y aprender".

Replantear pensamientos negativos no siempre es fácil y puede requerir tiempo y práctica. Pero al seguir estos pasos y tener paciencia contigo mismo, puedes aprender a replantear los pensamientos y ganar una perspectiva más positiva. Recuerda que está bien tener pensamientos negativos de vez en cuando, pero es importante no quedarse atrapado en ellos y tomar medidas para replantearlos de una manera más positiva.

Practicar la Gratitud

"Estudio de Emmons y McCullough sobre gratitud y bienestar: En 2003, los psicólogos Robert Emmons y Michael McCullough realizaron un estudio en el que dividieron a los participantes en tres grupos: uno debía escribir sobre cosas por las que estaban agradecidos, otro sobre cosas que les molestaban y el último sobre eventos neutrales. Los resultados mostraron que el grupo que practicaba la gratitud experimentaba un mayor bienestar, lo que coincide con el enfoque de Max en hacer una lista de cosas por las que sentirse agradecido. Este estudio es un ejemplo ideal de cómo la gratitud puede mejorar la satisfacción y reducir la negatividad"

Cabe destacar que el pensamiento positivo es una habilidad que se puede desarrollar y fortalecer con el tiempo. No es algo que venga de forma natural para todos, y puede requerir algo de esfuerzo y práctica para cultivar una mentalidad más positiva. Sin embargo, los beneficios valen la pena, ya que pueden llevar a una mejor salud física y mental, mayor resiliencia y mejores conexiones sociales.

Practicar la gratitud puede tener un impacto poderoso en nuestro bienestar mental y emocional. Puede ayudarnos a sentirnos más positivos, satisfechos y realizados, e incluso mejorar nuestras relaciones y salud física. Aquí tienes algunas maneras de practicar la gratitud:

1. **Lleva un diario de gratitud.** Una manera simple y efectiva de practicar la gratitud es llevar un diario en el que puedas escribir las cosas por las que estás agradecido cada día. Puede ser cualquier cosa, grande o pequeña, y puedes escribir tanto o tan poco como desees.

2. **Comparte tu gratitud con los demás.** Compartir tu gratitud con otros no solo te ayuda a sentirte más positivo, sino que también puede fortalecer las relaciones. Puedes expresar tu gratitud directamente a alguien, o compartirla en redes sociales o con un grupo de amigos o familiares.

3. **Ayuda a los demás.** Otra forma de practicar la gratitud es hacer algo amable por otra persona. Puede ser tan simple como abrir la puerta para alguien o preparar una comida para un amigo. Realizar actos de bondad no solo te hace sentir agradecido, sino que también mejora tu bienestar general.

4. **Reflexiona sobre tus bendiciones.** Toma unos minutos cada día para reflexionar sobre las cosas por las que estás agradecido. Puedes hacerlo solo o en grupo. Puede ser útil hacer una lista de las cosas que agradeces, o simplemente pensar en ellas en tu mente.

5. **Sé presente.** Presta atención a lo que estás haciendo y a las personas que están contigo. Esto puede ayudarte a apreciar el momento y sentirte más agradecido por lo que tienes.

Practicar la gratitud puede ser una forma simple pero poderosa de mejorar tu bienestar mental y emocional. Recuerda que no se trata de ser agradecido todo el tiempo o de ignorar los desafíos de la vida, sino de encontrar lo bueno en cada situación y celebrarlo con todo tu corazón.

Visualización y Afirmaciones

La visualización y las afirmaciones son herramientas poderosas que pueden ayudar a fomentar una perspectiva positiva y mejorar el bienestar general. La visualización implica crear imágenes o escenas mentales en tu mente. Puede usarse para ayudarte a alcanzar metas, reducir el estrés y mejorar tu salud mental y física. Para visualizar de manera efectiva, es importante elegir una meta u objetivo específico que quieras alcanzar. Luego, cierra los ojos y respira profundamente para relajar tu cuerpo y mente. Imagina que estás logrando tu meta con tanto detalle como sea posible. Por ejemplo, si deseas mejorar tu salud, podrías visualizarte comiendo alimentos nutritivos, haciendo ejercicio regularmente y sintiéndote fuerte y lleno de energía. También puedes intentar incorporar otros sentidos en tu visualización, como el oído, el tacto y el olfato.

Un consejo útil para la visualización es crear un tablero de visión. Un tablero de visión es una representación física de tus metas y aspiraciones, a menudo en forma de collage de imágenes y palabras. Puedes usar un tablero de visión para ayudarte a visualizar tus metas y mantenerlas presentes.

Las afirmaciones son declaraciones positivas que repites con la intención de crear un cambio positivo en tu vida. Las afirmaciones pueden ayudarte a superar pensamientos y creencias negativas y a promover una perspectiva más positiva. Para crear y usar afirmaciones de manera efectiva, elige un área específica de tu vida que quieras mejorar y crea una declaración positiva que refleje tu objetivo. Por ejemplo, si deseas mejorar tu autoestima, podrías crear la afirmación: "Soy digno y merecedor de amor y respeto." Repite esta afirmación regularmente, ya sea en voz alta o en tu mente, y trata de creer en ella mientras la dices.

Un consejo útil para usar afirmaciones es hacerlas específicas y orientadas a la acción. Por ejemplo, en lugar de decir "Soy exitoso," podrías decir "Estoy tomando acciones consistentes para lograr mis metas y estoy viendo resultados." Esta afirmación específica y orientada a la acción será más significativa y tendrá un mayor impacto.

Otro consejo útil es usar afirmaciones en tiempo presente, como si el resultado deseado ya se hubiera alcanzado. Por ejemplo, en lugar de decir "Seré exitoso," di "Soy exitoso." Esto ayuda a cambiar tu mentalidad y a creer que el resultado deseado ya es una realidad.

En resumen, la visualización y las afirmaciones son herramientas poderosas que pueden ayudar a fomentar una perspectiva positiva y mejorar el bienestar general. Para utilizar estas técnicas de manera efectiva, elige una meta u objetivo específico, visualiza con el mayor detalle posible y crea afirmaciones específicas y orientadas a la acción en tiempo presente. La práctica regular de estas técnicas puede ayudarte a superar pensamientos y creencias negativas y promover una visión más positiva de la vida.

Si quieres conocer más sobre este tema te invito a que leas el libro "El paradigma" de uno de mis mayores mentores Bob Proctor.

Cómo volar Incluso Cuando Fracasas

Enfrentar el fracaso o los desafíos puede ser difícil, pero es posible cambiar la perspectiva para hacer que la situación se sienta más manejable e incluso conduzca al crecimiento y aprendizaje. Aquí tienes algunas maneras de mejorar tu perspectiva al lidiar con fracasos o desafíos:

1. **Busca la oportunidad o lección.** Ante un fracaso o desafío, puede ser útil buscar la oportunidad o lección que presenta. Esto te ayuda a replantear la situación y verla como una oportunidad para crecer o aprender algo nuevo.

2. **Busca el apoyo de otros.** Tener a alguien con quien hablar y que ofrezca orientación puede ser de gran ayuda al enfrentar un fracaso o desafío. Busca el apoyo de amigos de confianza, familiares o un profesional, y permite que te muestres vulnerable y abierto sobre tus sentimientos y luchas.

3. **Practica la gratitud.** Enfocarte en las cosas por las que estás agradecido puede ayudarte a cambiar tu perspectiva y poner el fracaso o desafío en contexto. Dedica tiempo cada día a reflexionar sobre las cosas que agradeces, por pequeñas que parezcan.

4. **Encuentra lo positivo.** Al enfrentarte a un fracaso o desafío, puede ser fácil concentrarte en los aspectos negativos de la situación. En lugar de eso, intenta encontrar lo positivo y enfócate en las cosas que están yendo bien. Esto puede ayudarte a equilibrar tu perspectiva y mantener las cosas en perspectiva.

5. **Tómate un tiempo para reflexionar.** Al enfrentar un fracaso o desafío, puede ser útil tomarse un tiempo para reflexionar sobre la situación. Esto te permite comprender más profundamente lo que sucedió y por qué, lo que puede conducir al aprendizaje y al crecimiento.

6. **Busca perspectiva.** A veces, obtener una perspectiva diferente sobre una situación puede ser útil. Busca la perspectiva de otros, como amigos, familiares o un profesional, e intenta ver la situación desde su punto de vista.

7. **Practica la autocompasión.** Cuando estás lidiando con un fracaso o desafío, es importante ser amable y compasivo contigo mismo. Recuerda que todos cometen errores y enfrentan desafíos, y que es normal sentirse molesto o frustrado. Trátate con la misma amabilidad y comprensión que le ofrecerías a un amigo.

Estos pasos pueden ayudarte a volar incluso en medio de los fracasos y desafíos, permitiéndote no solo afrontar la situación, sino también crecer y aprender de ella.

Estrés: el enemigo silencioso que nadie te cuenta

Jeremy había sido un joven exitoso y motivado durante la mayor parte de su vida. Siempre asumía nuevos desafíos y se esforzaba por sobresalir en todo lo que hacía. Sin embargo, últimamente la vida de Jeremy había comenzado a desmoronarse debido al estrés crónico que no había tomado el tiempo ni el esfuerzo para manejar adecuadamente.

Los primeros signos de problemas surgieron cuando Jeremy comenzó a tener dificultades para dormir por la noche y a sentirse ansioso durante el día. Su trabajo como gerente de proyectos en una empresa de TI era cada vez más exigente, con plazos ajustados y altas expectativas por parte de los clientes. Esto añadió más presión sobre él, lo que le dificultaba mantenerse enfocado durante el día o relajarse lo suficiente como para dormir bien por las noches. Para empeorar las cosas, su relación con su pareja de largo plazo se tensó debido a todas las discusiones que tenían sobre cuánto trabajo hacía Jeremy hasta tarde cada noche, intentando mantenerse al día con todo lo que sucedía a su alrededor: no solo en el trabajo, sino también en otras áreas de su vida como compromisos familiares, actividades sociales, etc.

Todas estas cosas juntas hicieron que Jeremy se sintiera abrumado por el estrés, hasta que finalmente sintió que no había escapatoria de sus garras, dejándolo sintiéndose indefenso y fuera de control ante lo que parecía ser una lista interminable de preocupaciones que giraban constantemente en su cabeza sin descanso alguno.

Afortunadamente, a través de las sesiones de terapia que le proporcioné, junto con el arduo trabajo que puso Jeremy, pudimos identificar las causas profundas detrás de su estrés y desarrollar estrategias y hábitos saludables (como técnicas de relajación y prácticas de mindfulness) que ayudaron a aliviar considerablemente los síntomas asociados con su condición, lo que permitió a Jeremy recuperar el control de su bienestar mental.

La mayoría de las personas reconocen que la ansiedad y el estrés pueden tener un impacto negativo en el cuerpo. Pero, ¿sabes cómo funciona? Este capítulo explorará los efectos del estrés en tu cerebro y proporcionará estrategias simples, basadas en evidencia, para aliviar el estrés y optimizar la salud mental.

¿Qué es el Estrés?

El estrés puede definirse como cualquier presión, alteración o problema que es difícil de manejar. Todos lo experimentan, y las personas tienen diferentes formas de enfrentarlo. Algunas personas se ponen excesivamente ansiosas cuando se enfrentan a problemas, mientras que otras tienden a deprimirse o enojarse. El estrés también es un determinante poderoso de la salud física, incluyendo el riesgo de depresión y la gravedad de enfermedades como la gripe o el resfriado común. Comprender cómo el estrés afecta tu cerebro puede ayudarte a lidiar con él de manera saludable e incluso mejorar tu estado de ánimo, memoria y relaciones.

Cómo el Estrés Secuestra el Cerebro

Un evento estresante activa una parte del cerebro llamada amígdala. Esta pequeña área está ubicada en el lóbulo temporal, particularmente en la región del polo temporal. La amígdala es parte del centro emocional del cerebro, donde se procesan emociones como el miedo, la ira y la tristeza.

Cuando el estrés activa la amígdala, "juega" con otras áreas del cerebro para amplificarlas o intensificarlas. Este proceso se llama "secuestro de la amígdala" o "sensibilización de la amígdala". Puede compararse con aumentar el volumen de una estación de radio sin cambiar su frecuencia (esta analogía es solo aproximada).

Cómo el Estrés Afecta tu Cerebro

El estrés ejerce presión sobre la amígdala, haciéndola trabajar más de lo que debería. Esto provoca que la amígdala libere un neurotransmisor llamado norepinefrina (también conocido como noradrenalina o NE). El NE se libera en grandes cantidades bajo estrés e inunda otras áreas del cerebro. Esta inundación provoca una sobrerreacción que puede hacer que las personas se sientan ansiosas, enojadas, irritables o deprimidas.

La ciencia del estrés todavía se está estudiando, y quedan muchas preguntas por responder. ¿Cuáles son las partes específicas del cerebro que se ven afectadas por el estrés y cómo? ¿Cómo conduce el estrés crónico a la depresión y la ansiedad? ¿Y qué puedes hacer para gestionar tus niveles de estrés y mantener tu salud mental bajo control?

El estrés puede ser causado por una amplia variedad de situaciones, incluyendo sobrecarga de trabajo, traumas relacionados con el trabajo, divorcios u otros problemas de relación, problemas financieros, mudanzas, aislamiento de familiares y amigos, pérdida de un ser querido u otros cambios en las circunstancias de la vida. Cualquiera que sea la causa de tu estrés, es importante reconocer que es una parte normal de la vida y aprender las herramientas adecuadas para ayudarte a mantenerlo bajo control, de modo que no implores o explotes.

Los Efectos del Estrés

- **Problemas de salud:** El estrés ocurre cuando el cuerpo está bajo presión (estresores) y a menudo va acompañado de la respuesta de lucha o huida del cuerpo. Esta respuesta prepara al cuerpo para enfrentar cualquier peligro potencial, actuar rápidamente y de manera decisiva. Si sobrevives al estresor, tu cuerpo se recuperará y reconstruirá lo que ha deteriorado. Si no, el daño puede persistir sin reparación, empeorando con el tiempo. Afecta a todos los órganos: presión arterial, frecuencia cardíaca, función del sistema inmunológico, digestión, entre otros. Incluso cambia la forma en que las células se dividen (mitosis). También puede causar una disminución en los glóbulos blancos que ayudan a combatir infecciones, lo que hace que las personas estresadas sean más propensas a resfriarse u otras enfermedades.

- **Problemas de concentración y claridad mental:** El cortisol, la principal hormona del estrés, suprime el sistema inmunológico e interfiere con el aprendizaje y la memoria. También puede afectar negativamente tu capacidad para concentrarte y dificultar prestar atención. El hipocampo, una parte del cerebro involucrada en el procesamiento de la memoria, puede dañarse por el estrés, lo que resulta en una pobre concentración, una capacidad reducida para concentrarse durante largos periodos o una atención limitada. Estos efectos también pueden causar una incapacidad para procesar la información de manera rápida o profunda, en comparación con una persona que no está estresada. Dado que la amígdala participa en la respuesta de lucha o huida durante el estrés, también está involucrada en las funciones ejecutivas, como planificar, establecer metas y manejar información compleja. El estrés crónico se ha relacionado con afecciones como el TDAH (Trastorno por Déficit de Atención e Hiperactividad) y la demencia. El deterioro de las funciones ejecutivas puede interferir en la capacidad de pensar con claridad, recordar nueva información y cumplir con plazos.

- **Depresión:** Cuando sufres de estrés crónico, puedes experimentar un gran dolor emocional. El estrés crónico puede desencadenar la depresión al crear un desequilibrio que mantiene niveles excesivos de cortisol en el torrente sanguíneo, lo que hace que el cerebro produzca menos serotonina, un neurotransmisor que afecta el estado de ánimo. El estrés crónico y la depresión a menudo van de la mano, ya que muchas personas que experimentan depresión informan sentir ansiedad o tensión debido a los síntomas. La depresión es una enfermedad grave que puede tratarse, pero también necesita un manejo adecuado por parte de un profesional capacitado.

- **Ansiedad e irritabilidad:** La ansiedad y la irritabilidad son efectos comunes del estrés. Pueden ocurrir debido a un evento o circunstancia estresante, pero también pueden ser causados por la respuesta de lucha o huida que se desencadena. Cuando estás crónicamente estresado, tu cuerpo produce adrenalina extra, lo que puede contribuir a los trastornos de ansiedad. Los trastornos de ansiedad son altamente tratables cuando se busca ayuda de un profesional capacitado.

- **Problemas de sueño:** Cuando estás estresado, es normal tener insomnio, especialmente si también lidias con otros problemas como la depresión o la ansiedad. El estrés afecta los patrones normales de sueño que nos hacen sentir descansados y renovados. También puede contribuir a trastornos del sueño, lo que resulta en inquietud a la hora de acostarse o insomnio durante la noche (con pesadillas o terrores nocturnos).

- **Ira:** La serotonina es un mensajero químico en el cerebro que te ayuda a sentirte bien cuando estás feliz o calmado, pero también ayuda a mantener tus emociones bajo control cuando te sientes frustrado, enojado o tenso. Cuando estás estresado, tu cerebro puede liberar un exceso de serotonina, lo que conduce a sentimientos de ira o irritabilidad, afectando la forma en que una persona piensa y actúa.

Estrategias para Manejar el Estrés

Vivimos en un mundo lleno de estrés. Es inevitable, pero lo que puedes evitar es dejar que te domine al punto de que ya no puedas funcionar como persona. Dicho esto, echemos un vistazo detallado a lo que puedes hacer para manejar mejor tu estrés:

- **Mindfulness:** El mindfulness es una técnica de meditación fácil de aprender, que puedes practicar sentado o acostado en la cama. Te enfocas en tu respiración y, cuando sientes que tu mente divaga, simplemente la vuelves a llevar a la respiración. Este ejercicio te ayuda a desarrollar una sensación de estar presente en el aquí y ahora, lo que resulta útil cuando te sientes particularmente estresado. Cuando tu mente está enfocada en lo que sucede a tu alrededor, es más fácil evitar que los pensamientos se aceleren, lo que puede hacer que incluso las tareas más simples parezcan abrumadoras o difíciles de manejar.

- **Escribir en un diario:** Cuando te sientes estresado, escribir en un diario puede ser una experiencia catártica. Puede ayudarte a plasmar tus pensamientos en papel y trabajar a través del problema sin preocuparte por ser juzgado por otros. El proceso de escribir en un diario te permite descargar todo lo que tienes en mente, lo que facilita respirar y pensar con mayor claridad. Desde este espacio, podrás generar ideas creativas para lidiar con los factores estresantes en tu vida o verlos de una manera diferente que te permita notar lo bueno que quizás habías pasado por alto.

- **Ejercicio:** El ejercicio es muy importante para manejar el estrés. Puede ser difícil al principio, pero una vez que empieces a ver buenos resultados, te sentirás más capaz de manejarlo mejor. El hecho es que tu cuerpo necesita ejercicio y no funcionará tan bien si no le dedicas tiempo, sin importar lo estresado que estés. Además, el ejercicio te ayudará a despejar tu mente, ocupándola en algo que involucre todo tu cuerpo, ¡así que ponte en movimiento!

- **Yoga:** Entrar en un estado cómodo y meditativo a través del yoga puede ayudarte a estar en sintonía con tu cuerpo y reducir el estrés. Las posturas físicas del yoga fortalecen y aumentan la flexibilidad, lo que te permite lidiar mejor con los factores estresantes de tu vida. El yoga también ayuda a calmar la mente al enfocarse en la respiración durante posturas que aumentan la circulación y relajan los músculos.

- **Dormir más temprano:** El sueño también es muy importante. Cuando estás estresado, probablemente sientes que no quieres hacer nada porque tu mente está en sobrecarga. Pero cuando se trata de manejar el estrés, el sueño es clave. Asegurarte de tener una buena noche de descanso permite que tu cuerpo se recupere y el día siguiente será mejor que el anterior. No dormir lo suficiente puede debilitar tu sistema inmunológico, lo que dificulta que tu cuerpo maneje el estrés. Cuando vayas a dormir, mantén tu teléfono lejos y en silencio para que las notificaciones no interrumpan tu descanso.

- **Respiración profunda:** Es imprescindible respirar profundamente cuando experimentas altos niveles de estrés porque la respiración superficial solo dificulta que tu cuerpo absorba oxígeno adecuadamente. La respiración profunda te permite tomar aire desde un estado calmado y relajado, enviando oxígeno por todo tu cuerpo y eliminando el dióxido de carbono.

- **Hablarlo:** A veces, cuando enfrentas algo que parece estar fuera de tu control, puede ser útil hablar al respecto. Comenta el problema con un amigo cercano o familiar y déjales saber cómo te sientes. También es útil que las personas te abracen, si estás abierto a ello. Un abrazo puede hacer que toda la tensión que sientes se derrita.

- **Voluntariado:** Cuando te sientes particularmente estresado, podrías considerar hacer algo que ayude a los demás. Una excelente manera de lidiar con el estrés es dedicar tu tiempo a alguien que está pasando por un momento difícil y necesita algún tipo de ayuda. Al ayudarlos, podrás manejar mejor tu propio estrés.

Tu voz interna: de enemiga a compañera

El crítico interno es un fenómeno común que muchas personas experimentan. Es la parte de nuestra psique que se encarga de monitorear nuestros pensamientos, comportamientos y emociones, y puede tomar muchas formas diferentes. Puede ser una voz interna que siempre está juzgando, criticando y evaluando todo lo que hacemos; un diálogo interno que nos recuerda nuestras fallas y debilidades; o un estado emocional de duda e inseguridad.

Este crítico interno puede ser severo, crítico e implacable, y ser la fuente de muchos pensamientos y emociones negativas. Por ejemplo, el crítico interno puede decirnos cosas como: "No soy lo suficientemente bueno", "Nunca tendré éxito", "Siempre estaré solo", "No merezco ser feliz". Cuando creemos en estos pensamientos, pueden tener un impacto negativo en nuestro estado de ánimo, autoestima y bienestar general.

El crítico interno a menudo se forma en la infancia, basado en mensajes negativos y experiencias que hemos internalizado. Si nos dijeron que no éramos lo suficientemente buenos o que nunca lograríamos nada, estos mensajes pueden internalizarse y formar parte de nuestro crítico interno. Además, experiencias traumáticas o situaciones difíciles también pueden llevar al desarrollo de un crítico interno severo, ya que podemos culparnos por cosas que no son nuestra culpa.

El crítico interno puede manifestarse de diferentes maneras para diferentes personas. Para algunos, puede ser una voz persistente en el fondo de su mente, criticando y juzgando todo lo que hacen. Para otros, puede manifestarse como una sensación de duda e inseguridad, llevándolos a cuestionar sus habilidades y decisiones.

Independientemente de cómo se manifieste, el crítico interno puede ser una fuente importante de pensamientos y emociones negativas. Cuando escuchamos al crítico interno, podemos comenzar a creer que no somos lo suficientemente buenos, que nunca tendremos éxito o que no merecemos ser felices. Esto puede llevar a sentimientos de desesperanza, impotencia e inutilidad, afectando nuestro bienestar mental y emocional. También puede conducir al perfeccionismo, lo que genera procrastinación y baja autoestima.

Además, cuando estamos en un estado constante de autocrítica, también puede afectar nuestras relaciones. El crítico interno puede impedirnos ser abiertos y vulnerables con los demás, haciéndonos retirar de situaciones sociales. También puede dificultar la construcción y el mantenimiento de relaciones cercanas, ya que podemos alejarnos de las personas o sentirnos indignos de su amor y apoyo.

Cuando no se controla, el crítico interno puede convertirse en una fuerza poderosa que puede dominar nuestros pensamientos y emociones. Sin embargo, es posible silenciar al crítico interno y retomar el control. Al aprender a identificar y desafiar el diálogo interno negativo, desarrollar la autocompasión y la autoaceptación, y practicar el autocuidado, podemos desarrollar una imagen propia más positiva y mejorar nuestro bienestar general. Este proceso es continuo y requiere paciencia, persistencia y un compromiso con la autocompasión. Pero al domar al crítico interno, podemos mejorar nuestra autoestima, fomentar un diálogo interno positivo y lograr un mayor bienestar general.

Es importante recordar que el crítico interno no siempre es malo. Puede ayudarnos a reconocer y corregir errores, lo cual es beneficioso para el crecimiento personal. Por lo tanto, no se trata de erradicar al crítico interno, sino de aprender a gestionar su voz y no permitir que controle nuestros pensamientos y acciones. La clave está en encontrar un equilibrio entre escuchar al crítico interno cuando brinda comentarios constructivos y silenciarlo cuando es demasiado severo y negativo.

Técnicas para Identificar y Desafiar el Diálogo Interno Negativo

Como terapeuta, una de las cosas más importantes en las que ayudo a mis clientes es identificar y desafiar el diálogo interno negativo. Este tipo de diálogo puede tomar muchas formas, como la autocrítica, la duda y los pensamientos negativos sobre uno mismo. Si no se controla, puede ser una fuerza poderosa que domine nuestros pensamientos y emociones. Pero al aprender a identificar y desafiar este diálogo negativo, puedes retomar el control de tus pensamientos y emociones y mejorar tu bienestar general.

Uno de los primeros pasos para identificar y desafiar el diálogo interno negativo es ser consciente de su presencia. A menudo, les pido a mis clientes que lleven un diario donde puedan registrar sus pensamientos y emociones a lo largo del día. Esto puede ser útil para identificar patrones de diálogo negativo y comprender de dónde provienen. Además, les animo a prestar atención a sus pensamientos y emociones durante el día, y a reconocer cuándo está hablando el crítico interno.

Una vez que eres consciente del diálogo negativo, es importante desafiar los pensamientos y creencias que lo generan. Por ejemplo, si te descubres pensando, "No soy lo suficientemente bueno", es importante recordarte que este pensamiento no es cierto, y buscar argumentos contrarios. Podrías recordarte tus logros, tus cualidades positivas y el apoyo que tienes en tu vida.

También animo a utilizar técnicas de terapia cognitivo-conductual (TCC) para desafiar los pensamientos negativos. Esta terapia ayuda a identificar pensamientos, emociones y comportamientos negativos y cambiarlos por otros más positivos y realistas. Por ejemplo, si te descubres pensando "Soy un fracaso", la TCC te ayudará a cuestionar este pensamiento, buscando evidencia que lo respalde o lo refute. Una vez que hayas desafiado un pensamiento negativo y descubras que no es verdad, será más fácil dejarlo ir y reemplazarlo por un pensamiento más positivo.

Otra técnica que uso para ayudar a desafiar el diálogo interno negativo es el mindfulness. El mindfulness puede ayudarte a ser más consciente de tus pensamientos y emociones, y a abordarlos de manera no crítica. Al practicar el mindfulness, puedes aprender a observar tus pensamientos sin dejarte atrapar por ellos, lo que hace que sea más fácil desafiar el diálogo negativo.

Además de desafiar el diálogo negativo, también animo a mis clientes a practicar la autocompasión y la autoaceptación. La autocompasión implica tratarte con la misma amabilidad, comprensión y compasión que le ofrecerías a un buen amigo. Significa reconocer que eres humano y que cometerás errores, pero que mereces ser tratado con amabilidad y comprensión. Cuando tienes autocompasión, es menos probable que escuches el diálogo negativo, ya que reconoces que esos pensamientos no reflejan tu verdadero valor como persona.

Por último, es importante recordar que domar al crítico interno es un proceso continuo. Requiere paciencia, persistencia y un compromiso con la autocompasión y la autoaceptación. Pero al aprender a identificar y desafiar el diálogo interno negativo, puedes retomar el control de tus pensamientos y emociones, y mejorar tu bienestar general. Estoy aquí para apoyarte y guiarte en este proceso, ayudándote a identificar y desafiar el diálogo interno negativo para que puedas vivir una vida más feliz y plena.

Estrategias para Desarrollar la Autocompasión y la Autoaceptación

La autocompasión y la autoaceptación son esenciales para domar al crítico interno, ya que pueden contrarrestar los pensamientos y emociones negativas que genera. A menudo, somos nuestro peor crítico, constantemente castigándonos y menospreciándonos por nuestras imperfecciones. Si quieres prosperar mentalmente y disfrutar de una vida abundante llena de amor, felicidad y éxito, te recomiendo que fortalezcas tu autocompasión. Practicando estas estrategias y cambiando tu forma de pensar, puedes aprender a amarte cada día más.

1. **Actúa como si fueras tu mejor amigo:** El primer paso para construir la autocompasión es tratarte con la misma amabilidad y amor que le darías a tu mejor amigo o pareja. Si no le dirías algo a un ser querido, ¡no te lo digas a ti mismo! Te mereces todo el amor incondicional del mundo, así que trátate como a la realeza. Sé amable, empático y comprensivo contigo mismo cada vez que cometas un error. Nadie es perfecto todo el tiempo, y lo sabes. Entonces, ¿por qué te impones estándares ridículos? A veces tropezamos o actuamos de

maneras que no son las mejores, pero eso no significa que seamos personas malas o que no merezcamos amor. Solo necesitamos ser gentiles con nosotros mismos y darnos el amor y la compasión que tanto deseamos de los demás.

2. **Date una charla de ánimo:** A veces necesitamos un impulso extra para seguir adelante. Para desarrollar la autocompasión, puedes darte palabras de sabiduría y ánimo, como lo harías con un amigo valioso. Estas interacciones pueden marcar una gran diferencia. La autocompasión no es algo que se logre una vez y ya esté completo, es algo que siempre debemos trabajar. Así que date ese estímulo adicional cuando más lo necesites.

3. **Recuerda que eres poderoso:** Como seres humanos, a menudo pensamos que el mundo es un lugar peligroso y que no tenemos el poder de mejorarlo. Sin embargo, sabes que esto no es cierto. Tienes control total sobre tu vida y tus pensamientos, y no hay obstáculos demasiado difíciles de superar. Si puedes creer en tu poder, te empoderarás. Eres tan poderoso que si crees que no tienes control sobre tu vida, crearás experiencias alineadas con esa creencia. Así que elige creer que tienes control y demuéstratelo tomando el mando de lo que puedes, aquí y ahora. Siempre hay al menos una cosa sobre la que tienes control, y cuanto más practiques usar tu poder, más verás que las cosas empiezan a encajar.

4. **Valídate a ti mismo:** Una de las mejores maneras de desarrollar la autocompasión es darte a ti mismo la validación que tanto mereces. A veces, cuando estamos de mal humor, es fácil convencernos de que no somos lo suficientemente buenos o de que cualquier otra persona haría un mejor trabajo. Sin embargo, no siempre necesitamos que otra persona mantenga nuestra autoestima fuerte y saludable. No se trata de castigarte cada vez que cometes un error o tienes un mal día, sino de reconocer que cuando algo negativo te sucede, puedes recurrir al apoyo físico y emocional de otra persona.

El Papel de las Afirmaciones Positivas en el Aumento de la Autoestima

Las afirmaciones positivas son herramientas poderosas que pueden ayudar a aumentar la autoestima al contrarrestar el diálogo interno negativo y promover una visión más positiva y optimista de uno mismo. Las afirmaciones positivas son declaraciones breves y optimistas que se repiten con regularidad. Están diseñadas para ayudarnos a mantener una actitud positiva ante la vida.

Las afirmaciones son muy efectivas. Investigaciones realizadas por Lynnelle Arquiza, de la Dominican University of California, revelan que una de las formas más sencillas y efectivas de aumentar la autoestima y el bienestar general es a través del uso de afirmaciones. Aquellos que utilizan afirmaciones positivas tienen una autoestima significativamente más alta que quienes no las utilizan. Además, quienes usan afirmaciones experimentan mayor satisfacción con la vida, mejores relaciones con su pareja y familiares, y mejor salud.

¿Cómo crear y usar afirmaciones positivas?

Te puede ser útil escribir una lista de temas importantes para ti y luego crear afirmaciones en torno a ellos. Por ejemplo, podrías crear afirmaciones sobre el valor propio, el dinero, el amor, la salud, la creatividad, etc. A partir de esos temas, aquí tienes algunos ejemplos de afirmaciones que podrías usar.

- Para el **valor propio**, podrías decir: "Me amo completa y verdaderamente", "Estoy cómodo en mi propia piel", "Merezco tener cosas buenas en la vida", "Soy digno de ser tratado con respeto".

- Para la **salud**, podrías decir: "Mi cuerpo está fuerte y saludable", "Cada día mi bienestar mejora", "Me cuido con amor y respeto".

Es importante que las afirmaciones estén en **tiempo presente**. Debes repetirlas cada día, durante al menos cinco o diez minutos. Si las repites frente al espejo, con una sonrisa y contacto visual contigo mismo, puedes amplificar los resultados de estas afirmaciones. No esperes que funcionen de inmediato, y no te alarmes si al principio te sientes incómodo o sientes ganas de llorar. Date el espacio y la gracia para permitir lo que surja, y sé consistente con esta práctica. Tu vida se transformará de maneras fenomenales.

Adoptar estas estrategias de autocompasión y usar afirmaciones positivas puede ayudarte a silenciar tu crítico interno, aumentar tu autoestima y vivir una vida más plena.

Preguntas Afirmativas

¿Te sientes incómodo con las afirmaciones? Algunas personas sienten que usar afirmaciones es como mentir, por lo que prefieren no hacerlas. Hay una manera de evitar esa sensación utilizando en su lugar *preguntas afirmativas* o *ask-firmations*. En lugar de decir: "Estoy cómodo en mi propia piel", puedes reformularlo y preguntarte: "¿Cómo llegué a sentirme tan cómodo en mi propia piel?". La idea al hacerte la pregunta no es que realmente intentes descubrir la respuesta, sino que te maravilles de lo cómodo que te sientes siendo tú mismo. En otras palabras, es como mirar a tu pareja y preguntarle: "¿Cómo tuve tanta suerte de tenerte?". No estás tratando de descubrir cómo tuviste suerte, sino reconociendo que tienes una pareja maravillosa. Aplica ese sentimiento a tus *ask-firmations*.

La Importancia del Autocuidado para Mantener una Imagen Positiva de Uno Mismo

El autocuidado es un aspecto esencial para domar al crítico interno y mantener una imagen positiva de uno mismo. Cuando participamos en prácticas de autocuidado, enviamos un mensaje a nosotros mismos de que somos importantes y merecemos cuidado y atención. Las prácticas de autocuidado pueden ser variadas y abarcan desde hacer ejercicio, comer saludablemente, dormir lo suficiente y participar en actividades recreativas. Además, puede incluir establecer límites y reducir la exposición a influencias negativas, como las redes sociales o personas tóxicas. También es importante programar actividades recreativas y aquellas que nos traen placer y alegría, ya que pueden ayudar a mejorar el estado de ánimo, la autoestima y el bienestar general.

Conclusión

Domar al crítico interno es un proceso continuo que requiere paciencia, persistencia y un compromiso con la autocompasión y la autoaceptación. Al aprender a identificar y desafiar el diálogo interno negativo, desarrollar la autocompasión y la autoaceptación, utilizar afirmaciones positivas y participar en el autocuidado, uno puede desarrollar una imagen más positiva de sí mismo y mejorar su bienestar general. Es importante recordar que no se trata de erradicar al crítico interno, sino de aprender a manejar su voz y no dejar que controle nuestros pensamientos y acciones.

Domina tus emociones, transforma tu vida

Muchos enfrentamos desafíos académicos en algún momento: aprender a sumar fracciones, entender álgebra o enfrentarnos a un temido examen son ejemplos clásicos. A pesar de estos obstáculos, la mayoría logramos encontrar la manera de salir adelante, ya sea para pasar de curso, conseguir un trabajo o, al menos, recordar nuestras contraseñas (aunque esto último no siempre sea fácil).

Pero, ¿qué pasa cuando dejamos de hablar de números y fórmulas y empezamos a hablar de sentimientos? ¿Sabes manejar tus emociones sin volverte un volcán en erupción? ¿Puedes mantener relaciones saludables sin dramas dignos de una telenovela? Eso, amigo/a, es inteligencia emocional, y no siempre es tan fácil como parece.

La inteligencia emocional se puede definir como la capacidad de reconocer tus propios sentimientos y los sentimientos ajenos, discriminar entre ellos y utilizar esta información para guiar tu pensamiento y tus acciones de manera que mejoren tu bienestar.

La inteligencia emocional no es algo con lo que naces, es una cualidad que puedes cultivar a través de la conciencia y la práctica. Cuanto mejor seas en gestionar, o "usar", tus emociones, más feliz será tu vida. Un alto coeficiente emocional (EQ) está vinculado a un mayor éxito tanto en los estudios como en la carrera. También es un predictor de qué tan bien te irá en la vida en general.

Cuando hablamos de inteligencia emocional, probablemente pienses que es algo reservado para líderes de empresas o gurús de autoayuda. Pero en realidad, es una habilidad que todos tenemos, y que puede marcar la diferencia entre quedarnos atrapados en un torbellino de pensamientos excesivos o encontrar claridad en medio del caos.

Déjame explicártelo con una historia que ya conoces. ¿Recuerdas a Sandra, esa mujer trabajadora y creativa que mencioné antes? Al principio, su capacidad para analizarlo todo la ayudó a destacarse en su carrera. Pero con el tiempo, ese hábito de pensar demasiado se convirtió en su enemigo, llevándola al agotamiento emocional y físico. Estaba atrapada en un ciclo donde cada emoción, cada pensamiento, se convertía en un laberinto imposible de resolver.

Sandra no sabía cómo identificar lo que sentía realmente. Confundía la ansiedad con preocupación legítima, la tristeza con falta de productividad, y se culpaba a sí misma por no estar a la altura de las expectativas que ella misma se había impuesto. Fue ahí cuando introdujimos la inteligencia emocional como una forma de salir de ese círculo vicioso.

¿Qué hizo la diferencia? Primero, aprendió a reconocer sus emociones por lo que eran: señales, no enemigos. Entendió que sentir ansiedad no era un fallo, sino una forma en que su mente intentaba alertarla sobre algo que debía atender. Segundo, empezó a practicar la gestión emocional: en lugar de dejar que sus sentimientos la dominaran, se entrenó para responder a ellos de manera consciente, sin entrar en pánico

Y aquí está lo importante: Sandra no se convirtió en una "persona diferente". Siguió siendo analítica y detallista, pero ahora usaba esas cualidades a su favor, en lugar de permitir que la aplastaran. Eso es lo que hace la inteligencia emocional: no elimina los pensamientos ni las emociones, pero te da herramientas para manejarlos con más eficacia.

En este capítulo, vamos a explorar cómo tú también puedes empezar a desarrollar tu inteligencia emocional, integrándola como una herramienta para frenar el exceso de pensamiento. Vamos a desglosar los conceptos y mostrarte cómo convertir lo que ahora parece un peso en una oportunidad para crecer. Porque, al final, las emociones no son el problema; lo que hacemos con ellas sí lo es.

A veces, cuando se habla de inteligencia emocional, parece que se reduce a un solo rasgo o a algo que algunas personas hacen mejor o peor que otras. Sin embargo, la inteligencia emocional abarca cinco componentes clave, y ninguno de ellos es más importante que los demás cuando se trata de relaciones personales o metas en la vida.

Características de la Inteligencia Emocional

Las cinco componentes clave de la inteligencia emocional:

- **Conciencia Emocional**
- **Autorregulación**
- **Motivación**
- **Empatía**
- **Habilidades sociales**

Sandra nunca había pensado en la relación entre sus emociones y el caos en su mente. Para ella, las emociones eran como un huésped inesperado: aparecían, causaban estragos y se iban, dejándola exhausta. Pero mientras trabajábamos juntos, descubrimos que la verdadera raíz de su tormento mental no eran los pensamientos en sí, sino cómo lidiaba con las emociones que los generaban. Fue ahí cuando le presenté la idea de la inteligencia emocional, y poco a poco comenzó a entender que tenía las herramientas para manejar sus emociones y, por ende, sus pensamientos.

La inteligencia emocional, como le expliqué a Sandra, tiene varios componentes esenciales, cada uno como una pieza de un rompecabezas que, una vez completo, puede darle claridad y paz mental.

Conciencia Emocional: Ver lo Invisible

"¿Qué estás sintiendo ahora?", le pregunté un día, mientras describía una discusión reciente con su jefe. Hizo una pausa, confundida. "Enfado, supongo... o tal vez frustración. No lo sé exactamente", respondió. Esa respuesta era típica de Sandra al inicio de su proceso. No sabía diferenciar entre enojo, tristeza o incluso miedo. Y esa falta de claridad era parte del problema.

Le pedí que hiciera un ejercicio sencillo: cada noche, antes de acostarse, debía escribir tres emociones que había sentido durante el día y lo que las había provocado. Al principio fue difícil. "Me siento rara poniéndole nombre a cosas que ni siquiera sé si son reales", admitió. Pero con el tiempo, empezó a identificar patrones. Descubrió, por ejemplo, que su "enojo" era en realidad una mezcla de cansancio y sensación de ser ignorada.

Un estudio de Lisa Feldman Barrett, experta en neurociencia emocional, respalda la importancia de esta práctica. Sus investigaciones muestran que las personas con mayor claridad emocional, es decir, aquellas que pueden identificar con precisión lo que sienten, experimentan menos estrés y son menos propensas a caer en ciclos de pensamientos negativos. En otras palabras, simplemente nombrar lo que sentimos puede ser el primer paso para romper el ciclo del sobrepensamiento.

Autorregulación: El Arte de Transformar el Torbellino

Cuando Sandra identificaba una emoción, el siguiente paso era crucial: aprender a gestionarla. Le propuse un pequeño ritual para los días más difíciles: "Cuando te sientas abrumada, prueba la técnica de las cuatro respiraciones profundas. Con cada inhalación, imagina que recoges el caos de tu mente, y con cada exhalación, lo sueltas".

"Suena demasiado simple para ser cierto", me dijo escéptica, pero lo intentó. Y aunque no era una solución mágica, descubrió que esas respiraciones le daban el espacio que necesitaba para reaccionar de manera más consciente. En lugar de gritarle a su pareja por algo trivial, aprendió a decir: "Hoy me siento muy abrumada; necesito un momento para calmarme".

Este pequeño cambio tuvo un impacto enorme en su relación y, más importante aún, en cómo percibía su propio poder sobre sus emociones. Recuerda, las personas que practican técnicas de regulación emocional, como la respiración consciente, no solo manejan mejor sus emociones, sino que también son más resilientes frente a los desafíos de la vida cotidiana.

Motivación: El Fuego Interior que Supera la Rumiación

"¿Qué te inspira a seguir adelante?" Esta pregunta tomó a Sandra por sorpresa. Durante mucho tiempo, había estado tan atrapada en sus pensamientos que había perdido el contacto con sus objetivos y deseos más profundos. Su vida giraba en torno a apagar fuegos inmediatos, y nunca se detuvo a reflexionar sobre qué quería realmente.

La motivación intrínseca, le expliqué, es el motor interno que nos impulsa a perseguir metas que nos hacen sentir realizados, independientemente de las recompensas externas. Para Sandra, esto significaba reconectar con su pasión por la pintura, algo que había abandonado porque "no era práctico". Le sugerí que dedicara solo 30/40 minutos al día a este hobby, no para lograr algo perfecto, sino para disfrutar el proceso.

Después de unos días, me dijo emocionada: "Es increíble cómo esos pocos minutos me cambian el ánimo. Pintar me recuerda que puedo crear algo hermoso, incluso en medio del caos."

La ciencia respalda esta experiencia. Un estudio de la Universidad de Rochester muestra que las personas que persiguen objetivos intrínsecos, como la autoexpresión o el aprendizaje, tienen niveles más altos de satisfacción y menor riesgo de caer en patrones de pensamiento negativo. Sandra no solo recuperó su amor por el arte, sino que también descubrió que al centrarse en lo que realmente le importaba, su mente tenía menos espacio para preocuparse por cosas superficiales.

Empatía: El Camino hacia la Conexión

Sandra también tenía un problema recurrente en sus relaciones: sentía que las personas no la entendían y eso la frustraba aún más. Fue entonces cuando hablamos sobre la empatía, esa habilidad que no solo nos conecta con los demás, sino que también nos ayuda a ver nuestras emociones desde una nueva perspectiva.

"Intenta esto", le sugerí. "Cuando alguien te diga algo que te moleste, hazle una pregunta en lugar de reaccionar inmediatamente. Por ejemplo, '¿Qué te hizo pensar eso?'". Un día, tras una discusión con su madre, Sandra puso en práctica este consejo. En lugar de entrar en el bucle de "nadie me comprende", le preguntó: "¿Por qué te preocupas tanto por lo que hago con mi tiempo?". La respuesta de su madre le sorprendió: "Es que temo que te estés agotando como yo lo hice a tu edad". Por primera vez, Sandra vio el miedo detrás de las palabras de su madre y dejó de interpretar todo como un ataque personal.

Habilidades Sociales: Construye Puentes en Lugar de Barreras

Uno de los mayores desafíos de Sandra era comunicarse con los demás sin que sus pensamientos se interpusieran. "Cada vez que intento hablar de algo importante, termino complicándolo todo. O me quedo callada por miedo a decir algo que suene tonto", confesó durante una sesión.

Aquí es donde las habilidades sociales, un componente crucial de la inteligencia emocional, entraron en escena. Le expliqué que no se trataba solo de saber qué decir, sino de cómo escuchar y conectar. "Cuando te sientas en una conversación difícil, haz un esfuerzo por estar presente. Escucha lo que la otra persona dice sin preparar tu respuesta mientras habla. Y, si no sabes qué decir, una simple frase como 'Entiendo cómo te sientes' puede ser suficiente."

Sandra probó esta técnica con un colega que constantemente criticaba su trabajo. En lugar de ponerse a la defensiva, le respondió: "Aprecio tus comentarios, aunque me gustaría entender mejor lo que esperas de mí." Por primera vez, la conversación no se convirtió en un enfrentamiento, sino en una oportunidad para aclarar expectativas y mejorar su relación laboral.

Un estudio publicado en *Harvard Business Review* destaca que las personas con habilidades sociales bien desarrolladas no solo gestionan mejor los conflictos, sino que también crean redes de apoyo más sólidas, lo que reduce significativamente el estrés relacionado con el trabajo y las relaciones personales. Sandra comenzó a notar este cambio: cuanto más practicaba escuchar y responder con empatía, más abiertas y enriquecedoras eran sus interacciones.

Cómo la Inteligencia Emocional Impacta el Pensamiento

Imagina que llevas horas frente a un problema, dándole vueltas en tu mente. Cada vez que crees haber llegado a una solución, un nuevo "¿y si...?" surge para cuestionarlo todo otra vez. Esa es la trampa del pensamiento excesivo, una espiral donde nuestras emociones no gestionadas se entrelazan con nuestra mente hiperactiva. Ahora, piensa por un momento: ¿cómo sería si, en lugar de que tus emociones alimentaran el caos mental, pudieras usarlas como una brújula para guiar tus pensamientos hacia la claridad? Eso es lo que la inteligencia emocional hace posible.

La inteligencia emocional, a menudo malinterpretada como "controlar las emociones", es mucho más que eso. No se trata de reprimir lo que sientes, sino de entenderlo. Es como aprender a leer el idioma oculto de tus emociones para que, en lugar de que te dominen, trabajen contigo. ¿Alguna vez te has sentido ansioso por un evento futuro solo para descubrir, días después, que la situación no era tan grave como pensabas? Esa ansiedad, sin ser escuchada ni comprendida, puede alimentar un ciclo interminable de pensamientos. Pero si hubieras sabido cómo descifrarla en ese momento, habrías visto que solo era una señal, una invitación a prepararte, no a preocuparte.

Howard Schultz, el visionario detrás de Starbucks, Como mencioné en apertura, es un ejemplo poderoso de esto. Durante años, fue un prisionero de sus pensamientos, consumido por el miedo al fracaso y la constante necesidad de probar su valía. Lo que lo sacó de ese ciclo no fue solo el éxito o el reconocimiento, sino aprender a entender sus propias emociones y redirigirlas hacia decisiones constructivas. Él descubrió que, al aceptar sus emociones como aliadas, podía calmar el ruido en su cabeza y actuar con más claridad.

Las emociones son como invitados inesperados en tu casa mental. Algunas llegan con energía abrumadora, como el miedo o la ira, mientras que otras, como la gratitud o la alegría, parecen más fáciles de recibir. La inteligencia emocional consiste en abrir la puerta, observarlas con curiosidad y decir: "¿Qué mensaje traes para mí?" En lugar de dejarlas entrar y desordenar todo, las escuchas, aprendes de ellas y, cuando ya no las necesitas, las dejas ir.

Piénsalo: el exceso de pensamiento a menudo nace del miedo. Miedo a fallar, a no ser suficiente, a tomar una decisión equivocada. Pero cuando eres capaz de identificar esas emociones y entender de dónde vienen, el miedo pierde fuerza. No desaparece del todo, porque sigue siendo humano sentirlo, pero ya no tiene el poder de paralizarte.

La inteligencia emocional no es un talento innato que solo algunos tienen. Es una habilidad que todos podemos desarrollar. Y cuando lo hacemos, nos damos cuenta de que nuestras emociones no son nuestros enemigos, sino nuestras aliadas más poderosas. Así, el ruido mental que antes nos ahogaba se convierte en una melodía armoniosa, guiándonos hacia una vida más equilibrada y en paz.

¿Te sientes atrapado en tus propios pensamientos? Quizás la clave no está en pensar menos, sino en sentir más, en entender y escuchar tus emociones. Porque cuando aprendes a manejarlas, también liberas a tu mente del peso que la agobia.

La Importancia de la Inteligencia Emocional en las Relaciones Personales y Profesionales

- **En una relación amorosa**: la conciencia de uno mismo y la autorregulación pueden ayudarte antes, durante y después de una discusión. Si sabes qué te enoja o desanima de tu pareja, puedes planificar cómo manejarlo. Si puedes controlar las reacciones negativas hacia los comentarios o comportamientos de tu pareja, es menos probable que surja una discusión. También puedes aprender qué hace que tu pareja se sienta amada para fortalecer la relación.

- **En la crianza**: Los niños tienen una habilidad especial para saber qué puede molestar a sus padres, ¡y muchas veces lo hacen a propósito! La mayoría de los niños no tienen malas intenciones hacia sus padres, simplemente quieren alguna reacción. Si un niño sabe que gritar o llorar obtiene una fuerte respuesta de mamá o papá, es probable que repita ese comportamiento. Los padres que pueden mantener la calma y controlar sus emociones probablemente responderán de manera más efectiva al mal comportamiento de sus hijos.

- **En la escuela**: En la escuela, hay mucha presión para tener éxito, y algunos ven la escuela como el único lugar donde avanzar. Esto pone estrés en las relaciones con maestros, compañeros y familiares. Los beneficios de la inteligencia emocional van más allá de las buenas calificaciones. Actuar con autoestima y confianza puede ayudarte a hacer amigos, mantenerte motivado y rendir bien en clase. Tomarte el tiempo para comprender tus rasgos de personalidad te permitirá ser consciente de cómo reaccionan las personas a ti.

- **En el trabajo**: La inteligencia emocional en el lugar de trabajo es una habilidad que puede hacerte más productivo. Las personas emocionalmente inteligentes no se ven afectadas por las reacciones negativas de los demás y pueden trabajar con una amplia gama de personalidades en grupos o situaciones individuales. Pueden liderar equipos, desarrollar nuevos productos y servicios, y mejorar sistemas en una organización. Tu capacidad para manejar tus emociones y controlar cómo te perciben los demás es clave para el éxito en el trabajo.

Estrategias para Desarrollar la Inteligencia Emocional

La inteligencia emocional es como un músculo que, al ejercitarlo, fortalece tu capacidad para manejar las emociones, conectar con tus pensamientos y enfrentar los desafíos con claridad. Pero no es algo que simplemente ocurre: se cultiva, paso a paso, a través de prácticas concretas que cualquier persona puede integrar en su vida.

Mindfulness: La herramienta para detener el caos interno

Piensa en un vaso de agua turbia que agitas constantemente. Si lo dejas en reposo, las partículas se asientan y el agua se vuelve clara. Eso es mindfulness: el arte de pausar, observar y permitir que la mente se calme. No necesitas sentarte en posición de loto ni pasar horas meditando. Basta con reservar cinco minutos para observar tu respiración. Cierra los ojos y siente el aire entrando y saliendo de tus pulmones, notando cada pequeña sensación. Puede parecer insignificante, pero este ejercicio activa una parte de tu cerebro que ayuda a regular las emociones y disminuye la rumiación mental.

Si durante el día notas que un pensamiento negativo se adueña de tu mente, practica este simple ejercicio: detente, inhala profundamente contando hasta cuatro, retén el aire durante cuatro segundos y exhala en el mismo tiempo. Este pequeño gesto te saca del modo reactivo y te devuelve al momento presente. Esto es solo una introducción; más adelante exploraremos esta técnica en mayor profundidad, descubriendo todos sus matices y aplicaciones."

Reformulación cognitiva: Cambia la historia que te cuentas

Nuestra mente es experta en contarnos historias, muchas de las cuales no son ciertas. Cuando un pensamiento como "Soy un fracaso" cruza tu mente, no lo aceptes de inmediato. Cuestiónalo. ¿Qué evidencia tienes para respaldarlo? Tal vez cometiste un error, pero eso no te define como persona. Cambiar esa narrativa interna podría sonar así: "Cometí un error, pero estoy aprendiendo y mejorando". Este cambio, aunque parezca pequeño, tiene un impacto enorme en cómo percibes tus capacidades y manejas tus emociones.

Un ejercicio práctico es llevar un diario donde, cada noche, escribas un pensamiento negativo que tuviste durante el día. Luego, debajo, reformúlalo. No se trata de convertirlo en algo irrealmente positivo, sino en algo más equilibrado y amable contigo mismo.

La empatía comienza contigo

Muchas veces, somos los primeros en criticarnos y los últimos en ofrecernos comprensión. Practicar la empatía hacia ti mismo puede cambiar completamente tu relación con tus pensamientos y emociones. Imagina que un amigo cercano te confiesa algo que lo avergüenza. ¿Qué le dirías? Seguramente palabras de apoyo y consuelo. Ahora, aplica esa misma bondad a ti mismo.

Un ejercicio efectivo es escribirte una carta desde la perspectiva de un amigo, reconociendo tus esfuerzos y recordándote que está bien equivocarse. Al releerla, empezarás a ver tus desafíos desde una perspectiva más compasiva.

Comunicación efectiva: Di lo que sientes, no lo que piensas

¿Cuántas veces has acumulado frustración porque no supiste expresar lo que sentías? La comunicación efectiva no es solo con los demás; también es contigo mismo. Empieza por identificar tus emociones con precisión. En lugar de decir "Estoy mal", profundiza: ¿estás frustrado, ansioso, decepcionado? Ponerle nombre a las emociones reduce su intensidad y te da claridad sobre cómo manejarlas.

Practica hablar en primera persona: "Yo siento que..." o "Me afecta cuando...". Este enfoque no solo disminuye el conflicto en las relaciones, sino que también te permite soltar pensamientos acumulados que podrían intensificar tu estrés.

Afirmaciones positivas: Entrena tu mente para el optimismo

las afirmaciones positivas tienen un impacto poderoso. Repetir frases como "Estoy aprendiendo y creciendo cada día" o "Tengo la capacidad de superar este desafío" reprograma tu mente para enfocarse en las soluciones en lugar de los problemas.

Coloca estas afirmaciones en lugares visibles. Puede ser en el espejo de tu baño, como fondo de pantalla de tu móvil o en una nota adhesiva en tu escritorio. Cada vez que las leas, tu cerebro reforzará esa creencia, creando un circuito positivo que contrarresta los patrones de pensamiento excesivo.

El camino hacia una mayor inteligencia emocional

Construir tu inteligencia emocional no es una meta que se alcanza de la noche a la mañana, sino un viaje continuo. Cada vez que respiras profundamente, reformulas un pensamiento o te tratas con empatía, estás dando un paso hacia una mente más calmada y un corazón más fuerte. Porque, al final, no se trata de evitar los pensamientos negativos, sino de aprender a vivir con ellos desde un lugar de equilibrio y comprensión.

Recuerda, cada pequeño esfuerzo cuenta. Y en ese esfuerzo, estás creando el espacio necesario para que tu mente descanse y tu bienestar florezca.

El Arte de Gestionar la Ira, la Tristeza y el Miedo

No es raro en mi trabajo encontrarme con personas que buscan maneras de lidiar y procesar emociones difíciles. No es sorpresa, ya que las emociones son una de las principales cosas que este libro pretende ayudarte a resolver. A veces, pueden ser tan abrumadoras que comenzamos a tomar decisiones ilógicas e irracionales si las dejamos sin control y sin abordar. Entonces, en este capítulo, voy a mostrarte cómo trabajar a través de estas aguas turbias. Juntos, vamos a encontrar un camino a través de las emociones difíciles, un camino por el que puedas transitar sin daños, e incluso, salir mejor y más sabio por ello.

Supongamos que te sientes abrumado por las emociones. Simplemente no sabes qué hacer. No estás seguro de tu próximo paso, porque parece que cada opción está atrapada en la tristeza, la ira, la frustración o el miedo.

Todas estas son emociones normales que experimentamos como seres humanos. Pero cuando estas emociones te abruman o cuando te hacen actuar de manera diferente a la habitual, sin tomarte tiempo para ti mismo, puede volverse difícil para las personas a tu alrededor entender lo que está sucediendo.

La Importancia de Reconocer y Aceptar Emociones Difíciles

Como seres humanos, somos criaturas complejas. Estamos compuestos de muchas emociones diferentes. Desde el amor, la felicidad y la esperanza, hasta la ira, la frustración y la tristeza. Todas estas emociones juegan un papel vital en nuestras vidas, y todas son normales de sentir.

Si fuéramos una sociedad que solo sintiera ciertas emociones o si solo sintiéramos una emoción a la vez de manera regular, esto no sería un problema complicado. Sin embargo, como humanos, experimentamos muchas facetas al mismo tiempo. Podemos estar felices por algo y al mismo tiempo descontentos por otra cosa, o enojados por un asunto, pero también asustados por una situación completamente diferente.

Una mujer que está enojada puede sentirse feliz cuando ve sus hijos jugando con alegría. Un hombre con miedo puede estar también triste por algo que sucedió ese día. Una madre frustrada por una situación también puede sentir amor por su hijo al mismo tiempo. Estas emociones, que todas son normales, a menudo dificultan entender a una persona desde otra perspectiva. Cuando no sabes lo que está ocurriendo en la cabeza de alguien, se vuelve complicado decidir cuándo es necesario intervenir y cuándo es mejor mantenerse al margen.

Por eso es importante entender tus propias emociones y estar en sintonía con ellas, lo que a su vez facilitará lidiar con tus emociones y permitir que las personas a tu alrededor sepan lo que está pasando.

El primer paso para lidiar con emociones difíciles es reconocerlas. Cuando una emoción aparece de repente o se instala cuando no la esperas, el primer paso es reconocer que este sentimiento existe y aceptar que es parte de la vida.

Puedes reconocer estas emociones diciendo: "Estoy sintiendo" o "Estoy enojado/triste/frustrado". Esto te dará una sensación de consuelo cuando enfrentes estas emociones. También te ayudará a descubrir y darte cuenta de lo que está pasando en tu cabeza sin crear tensiones innecesarias entre tú y las personas a tu alrededor.

Técnicas para Manejar y Expresar las Emociones de Manera Saludable

Procesar y expresar emociones es un proceso complejo gobernado por factores psicológicos, genéticos y ambientales. Los psicólogos ahora creen que regular las emociones puede ser más importante que suprimirlas, ya que la supresión de sentimientos negativos puede llevar a otros problemas.

Existen cuatro técnicas clave para manejar y expresar tus emociones de manera saludable: la atención plena, ser consciente de lo que sientes en el momento presente; la aceptación, adoptar una postura sin juicio hacia la situación o experiencia; la reevaluación, cambiar tu interpretación de lo que ocurrió para que parezca menos angustiante; y la distracción de pensamientos rumiantes a través de respiración profunda o haciendo algo que te distraiga de esos pensamientos.

Aceptación: Esto implica aceptar lo que está ocurriendo en el momento presente y adoptar una postura sin juicios hacia la situación o la experiencia. Aceptar no significa tolerar o soportar situaciones o sentimientos perjudiciales, sino estar abierto a los sentimientos dolorosos en lugar de tratar de distanciarse de ellos. Se cree que experimentar las emociones dolorosas plenamente es una de las formas en que los pensamientos y sentimientos negativos pueden transformarse de dañinos a útiles. Aceptar significa que has elegido no actuar en función de ellos juzgándote negativamente, sino ver que son eventos pasajeros que pueden cambiarse si ya no son útiles.

Reevaluación: Esto implica observar la situación o la experiencia en el presente de manera diferente o cambiar tu interpretación de lo que sucedió para que parezca menos angustiante. Dos estrategias que se han encontrado efectivas para manejar las emociones son la reestructuración cognitiva y el replanteamiento cognitivo. El replanteamiento cognitivo puede ser útil si percibes una situación como una amenaza, pero podría ser neutral o incluso una oportunidad positiva. Por ejemplo, si te sientes amenazado por un posible despido, podrías verlo como una oportunidad para volver a estudiar y mejorar tu carrera. La reestructuración cognitiva te ayuda a cambiar tus reacciones a una situación o experiencia de manera más positiva y útil. Por ejemplo, podrías cambiar un pensamiento "tóxico" como "No soy bueno en este trabajo" por uno "desafiante", preguntándote "¿Qué puedo hacer para mejorar las cosas?" Entonces, podrías tomar medidas en lugar de sentirte mal contigo mismo.

Distracción: Esto implica desviar tu atención de pensamientos dolorosos enfocándote en algo más, como la respiración profunda o centrarte en una actividad externa, incluso si solo es ver televisión. Las investigaciones sugieren que la distracción es más efectiva para manejar las emociones negativas que estrategias como el enfoque positivo o la reestructuración cognitiva. La distracción tiene la ventaja de no involucrarse con el pensamiento angustiante, lo que podría prevenir la creación de un ciclo vicioso donde el pensamiento genera sentimientos negativos que, a su vez, producen más pensamientos sobre él. Cuanto más tiempo hayas estado experimentando sentimientos negativos, es más probable que se vuelvan difíciles de cambiar. La distracción puede ayudar a romper este ciclo al evitar que los pensamientos negativos persistentes se establezcan.

Reflexionando sobre la ira: Un arma de doble filo

La ira es una de las emociones más primitivas e intensas que podemos experimentar como seres humanos. Es una respuesta que ha evolucionado para protegernos, para ayudarnos a reaccionar ante amenazas y para marcar límites. Sin embargo, cuando no se maneja adecuadamente, la ira puede convertirse en un obstáculo en nuestras relaciones, nuestro bienestar emocional e incluso nuestra salud física.

Experimentar ira no es intrínsecamente algo malo. De hecho, puede ser una señal de que algo necesita cambiar o de que algo importante para ti está siendo desafiado. Puede impulsarte a defender lo que crees justo, a marcar límites saludables o incluso a buscar soluciones creativas a problemas que te frustran. Sin embargo, si no se controla, la ira puede consumir tu energía, dañar tus relaciones y llevarte a un ciclo de culpa y arrepentimiento.

La clave no está en suprimir la ira, sino en aprender a manejarla de manera constructiva. Como cualquier otra emoción, la ira tiene algo que enseñarte, pero para escucharla, necesitas desactivarla primero.

Estrategias para manejar la ira: Una guía práctica

Identifica la raíz de tu ira

La ira rara vez es solo sobre lo que parece en la superficie. Muchas veces, está enraizada en inseguridades, expectativas no cumplidas o experiencias pasadas. Cuando te sientas enojado, haz una pausa y pregúntate: *"¿Qué hay realmente detrás de mi enojo?"* Puede ser miedo, tristeza o incluso agotamiento. Reconocer la causa subyacente te ayudará a abordarla de manera más efectiva.

Mantén un diario emocional. Anota los momentos en los que te sientes enojado y explora las posibles causas. ¿Hay patrones? ¿Situaciones recurrentes? Identificar estos desencadenantes es el primer paso para tomar control de ellos.

Practica la respiración profunda

Cuando la ira se intensifica, nuestro cuerpo responde como si estuviera en peligro: el ritmo cardíaco aumenta, los músculos se tensan y la mente entra en "modo de lucha o huida." La respiración profunda puede ayudarte a contrarrestar estas respuestas fisiológicas.

Replantea tu diálogo interno

La forma en que hablas contigo mismo durante un episodio de ira puede amplificar o calmar tus emociones. En lugar de alimentar pensamientos como *"Esto es insoportable"* o *"No puedo creer que me hicieran esto,"* intenta reformularlos: *"Esto es frustrante, pero puedo manejarlo,"* o *"Puedo elegir cómo responder a esto."*

Piensa en el diálogo interno como si estuvieras hablando con un amigo enojado. ¿Qué le dirías para calmarlo? Usar ese mismo tono compasivo contigo mismo puede marcar una gran diferencia.

Libera la tensión con actividad física

La ira genera una acumulación de energía en el cuerpo que necesita ser liberada. Salir a caminar, correr o incluso hacer algo tan simple como saltar unos minutos puede ayudarte a transformar esa energía en algo positivo.

Escribe para liberar y entender

A veces, las palabras que no podemos decir encuentran claridad en el papel. Escribir tus pensamientos y emociones puede ayudarte a procesar tu enojo de manera más saludable.

Cuando te sientas enojado, toma un cuaderno y escribe sin filtro. No te preocupes por la gramática o la estructura; simplemente deja que tus emociones fluyan. Al releerlo, podrías descubrir patrones o perspectivas que no habías considerado antes.

Practica el perdón como liberación emocional

La ira a menudo está relacionada con la sensación de haber sido herido o tratado injustamente. El perdón no es para la otra persona; es para ti. Liberarte de ese peso emocional te permite avanzar.

Pregúntate: *"¿Cómo me está afectando mantener esta ira? ¿Qué ganaría si la dejara ir?"* Practicar el perdón no significa justificar lo que ocurrió, sino decidir no permitir que controle tu presente.

Encuentra una salida creativa para tu enojo

El arte, la música o cualquier forma de expresión creativa puede ser una excelente manera de procesar la ira. A menudo, canalizar estas emociones en algo tangible no solo alivia la tensión, sino que también puede producir algo hermoso o significativo.

La importancia de la autocompasión

Manejar la ira no significa ser perfecto o siempre mantener la calma. Habrá momentos en los que falles, en los que explotes o digas algo que luego lamentes. La clave está en no castigarte por ello. En lugar de criticarte, practica la autocompasión. Reconoce que eres humano y que estás trabajando para mejorar.

Mantra personal: *"Estoy aprendiendo a manejar mis emociones, y eso está bien. Cada paso que doy, incluso cuando cometo errores, es un avance hacia mi bienestar emocional."*

Conclusión: La ira como una oportunidad para crecer

La ira, aunque poderosa, no tiene que controlarte. Puede ser una señal de que algo necesita atención, un impulso para establecer límites o un recordatorio de que eres humano. Al aprender a manejarla, no solo mejorarás tus relaciones y tu bienestar emocional, sino que también ganarás un mayor control sobre tu vida. Porque al final, manejar la ira no es sobre reprimirla, sino sobre transformarla en algo que te impulse en lugar de detenerte.

Abrazar, Comprender y Soltar la Tristeza

La tristeza es una de las emociones más humanas y universales que podemos experimentar. Es como una sombra que puede aparecer en cualquier momento, a veces debido a una pérdida, otras veces sin una causa clara. Es profundamente íntima, y aunque todos la sentimos en algún momento, cada uno la vive de manera diferente. Es un recordatorio de que estamos vivos, de que tenemos emociones y de que algunas cosas realmente importan para nosotros. Pero también puede ser pesada, dificultando nuestras tareas diarias y afectando nuestra energía y enfoque.

Si bien la tristeza no es algo que podamos evitar por completo ni deberíamos tratar de hacerlo, aprender a manejarla nos ayuda a atravesarla con mayor claridad y fortaleza. Estas estrategias no buscan eliminar la tristeza, sino enseñarnos a convivir con ella y, eventualmente, a superarla:

Reflexiona sobre lo que perdiste

La tristeza a menudo está ligada a una pérdida: una relación, una oportunidad, un ser querido. Reconocer esa pérdida y reflexionar sobre lo que significa para ti es un paso esencial para sanar. Evitar esta introspección puede hacer que la tristeza se alargue, mientras que enfrentarla directamente puede ayudarte a aceptar lo que ocurrió y a avanzar.

Dedica un tiempo a escribir sobre tu pérdida. ¿Qué significaba para ti? ¿Qué emociones surgen cuando piensas en ello? Reconoce que está bien sentir dolor por algo que valorabas, pero también permítete imaginar cómo podrías seguir adelante.

Combate la inercia de la tristeza con acción

La tristeza tiene una forma particular de paralizarnos. Nos hace sentir que lo mejor es quedarnos quietos, en pausa, esperando que pase. Pero esta inercia emocional puede llevarnos a la procrastinación, y cuanto más tiempo pasamos sin hacer nada, más difícil se vuelve salir de ese estado.

No descuides tus necesidades básicas

Cuando estamos tristes, nuestra energía disminuye y es fácil caer en patrones de descuido hacia nosotros mismos. Tal vez te saltas comidas, descansas mal o evitas moverte. Pero estos descuidos solo intensifican la tristeza, creando un círculo vicioso.

Haz de tu autocuidado una prioridad básica. Aunque no sientas ganas, establece un horario para comer, descansar y moverte. Incluso algo tan simple como una ducha caliente o una taza de té puede hacerte sentir más conectado contigo mismo.

Cambia la forma en que piensas sobre las cosas

La tristeza tiene una forma de llevarnos a pensamientos negativos, como *"Esto nunca mejorará"* o *"No soy lo suficientemente fuerte."* Aunque estos pensamientos son comprensibles, no siempre son precisos. Aprender a replantearlos puede ayudarte a ver las cosas con mayor esperanza.

Cada vez que notes un pensamiento negativo, intenta reformularlo. Por ejemplo, cambia *"Nunca superaré esto"* por *"Estoy en un momento difícil, pero tengo la capacidad de salir adelante, paso a paso."* Este cambio no elimina la tristeza, pero reduce su poder sobre ti.

Conéctate con los demás

La tristeza a menudo nos lleva al aislamiento, haciéndonos sentir que necesitamos lidiar con nuestras emociones en soledad. Pero compartir lo que sientes con alguien en quien confíes puede ser profundamente liberador. Hablar con un amigo, un familiar o incluso un terapeuta no solo te ayuda a sentirte menos solo, sino que también puede darte una perspectiva externa.

Haz un esfuerzo consciente por conectarte con alguien. No necesitas hablar directamente sobre tu tristeza si no estás listo; a veces, simplemente compartir un café o una caminata con un amigo puede hacerte sentir más acompañado.

La tristeza como parte del proceso de vivir

Es importante recordar que la tristeza no es algo que debemos eliminar por completo. Es una emoción que nos recuerda lo que hemos amado, lo que hemos perdido y lo que nos importa profundamente. Reconocerla y aprender de ella es parte del proceso de vivir una vida auténtica.

Si bien estas estrategias pueden ayudarte a manejar la tristeza, también es importante ser amable contigo mismo durante este proceso. No siempre habrá soluciones rápidas, y está bien tener días en los que simplemente necesitas sentir lo que estás sintiendo. La clave está en recordar que la tristeza no es un estado permanente. Como todas las emociones, es pasajera, y con el tiempo, encontrarás momentos de luz y alegría nuevamente.

Permítete sentir, reflexionar y, cuando estés listo, dar pequeños pasos hacia la sanación. Porque al final, superar la tristeza no se trata de olvidarla, sino de aprender a integrarla como una parte de tu experiencia, para que puedas avanzar con mayor fortaleza y claridad.

Estrategias para lidiar con el miedo

El miedo es una emoción poderosa. Nos ha acompañado desde los albores de la humanidad, protegiéndonos de amenazas reales como depredadores o peligros inminentes. Sin embargo, en el mundo moderno, el miedo ha evolucionado, convirtiéndose muchas veces en un mecanismo que se activa incluso cuando no hay una amenaza tangible, sino más bien una preocupación por lo que podría pasar. Este tipo de miedo, interno e intangible, tiene un gran impacto en nuestra vida diaria, limitando nuestro potencial y robándonos momentos de tranquilidad.

Lidiar con el miedo no significa eliminarlo; significa aprender a enfrentarlo, entenderlo y, en última instancia, manejarlo de manera que no controle nuestras decisiones ni nuestras emociones.

Identifica lo que te asusta y enfréntalo directamente

El miedo tiene una habilidad única para crecer y hacerse más fuerte cuando lo evitamos. Ignorarlo o tratar de huir de él solo refuerza su dominio sobre nosotros. La única manera de reducir su poder es enfrentarlo. Esto no significa exponerte imprudentemente a situaciones peligrosas, sino desafiar conscientemente esas barreras que el miedo ha levantado en tu mente.

Si tienes miedo de hablar en público, comienza enfrentándolo en pequeñas dosis. Habla frente a un grupo reducido de amigos o colegas y construye tu confianza progresivamente. Cada vez que te enfrentes al miedo, su influencia disminuirá un poco más.

Pregúntate: *"¿Qué es lo peor que podría pasar si enfrento esto?"* Muchas veces, al responder esta pregunta, te darás cuenta de que el miedo es más grande en tu mente que en la realidad.

Evalúa los riesgos de manera realista

El miedo tiene una tendencia a exagerar las probabilidades de que ocurra un evento negativo. Nos hace pensar en el peor escenario posible como si fuera una certeza, y esto puede llevarnos a tomar decisiones basadas en percepciones distorsionadas. Evaluar los riesgos de manera objetiva es clave para contrarrestar esta tendencia.

Si tienes miedo de volar, busca estadísticas reales sobre la seguridad de los vuelos comerciales. Cuando ves los números fríos y objetivos, es más fácil racionalizar que el miedo no refleja la verdadera probabilidad del peligro.

Técnica: Haz una lista de los pros y contras de enfrentar tu miedo. Por ejemplo, si temes una entrevista de trabajo, anota qué es lo mejor que podría pasar (como obtener el empleo) y qué es lo peor (sentir incomodidad temporal). Esto ayuda a equilibrar tu perspectiva.

Reconoce y acepta tus miedos

Uno de los errores más comunes que cometemos es negar nuestros miedos o tratar de esconderlos, tanto de los demás como de nosotros mismos. Este enfoque solo les da más fuerza. Reconocer tu miedo no es un signo de debilidad, sino de valentía. Cuando admites lo que te asusta, comienzas a recuperar el control.

Dedica unos minutos al día a reflexionar sobre tus miedos. Escríbelos en un diario o compártelos con alguien en quien confíes. Al externalizarlos, se sienten menos abrumadores.

Cambia la narrativa interna de *"Tengo miedo, esto es terrible"* a *"Sí, tengo miedo, pero puedo aprender a manejarlo."*

Reemplaza los pensamientos negativos por positivos

El miedo está íntimamente ligado a nuestra mente y a los pensamientos que alimentamos. Si permitimos que los pensamientos negativos dominen, el miedo se intensifica. Reemplazar estos pensamientos con alternativas más realistas y constructivas puede ayudarnos a reducir el impacto del miedo.

Si piensas *"No puedo hacerlo, voy a fracasar,"* replantéalo como *"Esto es un desafío, pero tengo las herramientas para intentarlo y aprender en el proceso."*

Crea una lista de afirmaciones positivas que te reconforten y léelas cuando sientas que el miedo está tomando el control. Frases como: *"Soy más fuerte de lo que creo"* o *"Tengo la capacidad de manejar esto paso a paso"* pueden hacer una gran diferencia.

El miedo como una oportunidad de crecimiento

Aunque puede parecer contradictorio, el miedo tiene algo valioso que enseñarnos. Es un indicador de que estás creciendo, de que estás enfrentándote a algo desconocido o importante para ti. Cada vez que eliges enfrentarlo, en lugar de evitarlo, fortaleces tu resiliencia y confianza.

El miedo no define quién eres. Lo que define quién eres es cómo eliges responder a él. ¿Lo dejas dictar tus decisiones, o lo conviertes en un aliado que te empuja a avanzar? La próxima vez que sientas miedo, recuérdate que tienes el poder de enfrentarlo, de desarmarlo y de usarlo como una herramienta para tu propio crecimiento.

Porque al final, el coraje no es la ausencia de miedo, sino la decisión de actuar a pesar de él. Y cada paso que des hacia ese coraje, por pequeño que sea, te acercará más a la libertad emocional y a la vida que realmente deseas vivir.

El papel del autocuidado al lidiar con emociones difíciles

La clave para trabajar de manera efectiva con emociones difíciles es desarrollar un nivel de autocuidado que nos permita enfrentar los desafíos sin dañarnos en el proceso. El autocuidado involucra varias áreas, pero en el centro de todo están los períodos regulares de relajación, dormir lo suficiente, mantener una buena nutrición y hacer ejercicio.

Reconocer el papel que la relajación puede jugar al lidiar con una variedad de emociones puede ser útil. Utilizar alguna forma de técnica de relajación o ritual todos los días, o al menos cuando comiences a sentirte estresado, puede hacer una gran diferencia. Lo importante aquí es la consistencia: lo que funciona para una persona puede no funcionar para otra, y no tiene sentido desarrollar ejercicios de respiración si no te ayudan a relajarte.

Además de utilizar la relajación en momentos de estrés, también es útil practicar técnicas de relajación regularmente, simplemente por placer. Puede ser una forma agradable de pasar el tiempo, pero ten cuidado de no usar esto como excusa para quedarte en la cama todo el tiempo.

En cuanto a la nutrición, muchas personas que hacen dieta descubren que esta les causa más estrés del que previene. Esto se debe a que cuando tenemos hambre, podemos sentir presión por encontrar comida rápidamente. Varios factores entran en juego para crear este ciclo: la obsesión por lucir delgado, sentirnos inadecuados respecto a nuestro cuerpo y seguir una dieta restringida, todo lo cual genera presión. Un enfoque mucho mejor es comer una dieta saludable, nutritiva, variada y equilibrada que se adapte a nuestras necesidades y estilo de vida.

Aprender a lidiar con el estrés de manera efectiva es una habilidad que se desarrolla con la práctica. Al igual que cualquier otra habilidad, cuanto más la utilices, mejor serás en ella.

Mindfulness y meditación: respira, siente y vive en paz

La mayoría de nosotros, en algún momento de nuestras vidas, enfrentamos dolor emocional y nos damos cuenta de que no podemos deshacernos de él fácilmente. Los eventos dolorosos ocurren en la vida y, cuando lo hacen, nos dejan heridas emocionales que necesitan sanación. Según investigaciones recientes, los métodos probados en el tiempo para la sanación emocional, como las prácticas de *mindfulness* (atención plena), han demostrado resultados prometedores en mejorar cómo enfrentamos las emociones difíciles.

En su forma más simple, el concepto budista de *mindfulness* implica entrenar la mente para ser más consciente de los propios pensamientos y sentimientos, con el objetivo de aceptar el dolor emocional sin dejarse vencer por él. Esta práctica se puede aplicar a cualquier persona, sin importar su edad o su orientación religiosa. Se ha demostrado que es beneficiosa en personas que viven con condiciones crónicas graves, como el cáncer y las enfermedades cardíacas.

Mindfulness y Meditación... ¿Cuál es la Diferencia?

El *mindfulness* es un término general que se refiere a estar en el momento presente con una actitud abierta y sin juicios. Se puede lograr mediante la meditación, ejercicios de respiración, posturas de yoga o simplemente estando en silencio y prestando atención a tu entorno.

Por otro lado, la meditación es una forma popular de practicar el *mindfulness*, en la que tomas un tiempo en tu día para sentarte en silencio y concentrarte en tu respiración. Esta fue la parte del *mindfulness* que utilicé en mi experiencia personal para sanar heridas emocionales. Comencé a meditar hace unos 12 años, cuando me encontré lidiando con la depresión por primera vez en mi vida. Recurrí al entrenamiento en *mindfulness* como una forma de enfrentar mi depresión y ansiedad. Por lo tanto, puedo decirte por experiencia que el *mindfulness* y la meditación son excelentes para "sacar la basura mental", por así decirlo.

Técnicas para Practicar el Mindfulness en la Vida Diaria

- **Comer conscientemente**: Comer es algo que tienes que hacer todos los días, así que ¿qué mejor manera de incorporar el *mindfulness* en tu vida que cuando te sientas a comer? Antes de comenzar a comer, detente un momento y disfruta el hecho de tener una comida frente a ti, siendo consciente de cada bocado y permitiéndote gustar cada sabor. Observa todos los colores en tu plato. Trata de aislar los diferentes olores de tu comida. Cuando comes, presta atención a las texturas de los alimentos. Saborea cada uno de los ingredientes y deja que inunden tus sentidos. Al deglutir, tómate un tiempo para observar cómo baja la comida y cómo te sientes. No tomes otro bocado hasta que esté en tu estómago. Haz esto todos los días, y te sorprenderán los resultados.

- **Movimiento consciente**: ¿Permaneces sentado todo el día? ¿Tiendes a sentarte en el sofá y a encorvarte como un perezoso? Bueno, tal vez sea hora de dejar de hacerlo. En lugar de eso, intenta caminar diez minutos cada hora. Comienza despacio y da algunos pasos, luego aumenta el ritmo según lo desees. Resumiendo, camina veinte minutos cada hora durante unos seis meses seguidos, y pronto te encontrarás caminando de manera más natural sin siquiera pensarlo. También puedes explorar otras formas de mover tu cuerpo que disfrutes. Solo porque tu amigo Luis jura por el Crossfit no significa que otras formas de ejercicio no cuenten. Lo importante es que elijas algo que disfrutes y algo que puedas hacer de manera constante. Presta atención a los músculos que activas y a cómo se siente tu cuerpo. Observa la diferencia en cómo te sientes antes, durante y después de moverte.

- **Usa tus cinco sentidos**: Elige un sentido a la vez y trabaja con él durante al menos cinco minutos cada día. Presta atención a los sonidos a tu alrededor, tanto a los ruidos evidentes como al zumbido menos perceptible que impregna el espacio en el que te encuentras. Presta atención a los sonidos cercanos y lejanos. Observa las voces, sus tonos, sus tonalidades y las emociones que transmiten. Escucha la naturaleza a tu alrededor. ¿No te gusta el ruido que te rodea? Ponte los auriculares y escucha tu canción favorita. Nota los otros sonidos que te has estado perdiendo o el ritmo único de un instrumento en particular. Haz lo mismo con la vista, notando colores y patrones. Haz lo mismo para el olfato, el gusto y el tacto.

- **Practica la gratitud**: Cada día, piensa en las muchas cosas por las que estás agradecido en la vida. Incluso si es algo tan simple como poder respirar, ¿no es eso algo por lo que estar agradecido? Puede que te lleve tiempo apreciar cosas más complejas, como la alegría de un ser querido cuando te saluda con una sonrisa. No te preocupes por lo que tienen los demás; enfócate en estar agradecido por lo que tienes y en apreciarlo.

- **Presta atención a tus pensamientos**: Es fácil quedar atrapado en tus propios pensamientos, ¿verdad? Cuando practicas *mindfulness*, puedes observar tus pensamientos y simplemente dejarlos ir. No permitas que se queden como un mal olor, porque solo te harán enojar o ponerte triste. Los pensamientos son tan pasajeros como las nubes en el cielo. Observa cuántos pensamientos diferentes tienes cada día y simplemente déjalos pasar sin aferrarte a ellos o seguirlos.

Tipos de Meditación

Meditación de escaneo corporal: La meditación de escaneo corporal es una forma de meditación en la que te concentras en las sensaciones de tu cuerpo. Comienzas desde la parte superior de tu cabeza y avanzas hasta la punta de los dedos de tus pies. Al pasar por tu cuerpo, puedes volverte más consciente de lo que está ocurriendo dentro (o fuera).

Cómo hacer la meditación de escaneo corporal:

1. Siéntate y ponte cómodo.

2. Presta atención a cada parte de tu cuerpo, comenzando por la coronilla y avanzando hasta los dedos de los pies.

3. También puedes comenzar desde los pies y avanzar hacia la coronilla, si lo prefieres.

4. Nota las sensaciones en cada parte del cuerpo en términos de temperatura, presión y texturas.

5. Avanza a la siguiente parte del cuerpo cuando estés listo.

Esta también es una excelente meditación para hacer si estás lidiando con dolor en tu cuerpo, especialmente si la conviertes en una meditación de relajación progresiva al tensar deliberadamente cada parte del cuerpo, mantener la tensión durante una o dos respiraciones, y luego relajar los músculos.

Meditación caminando: La meditación caminando es una buena meditación para hacer cuando estás estresado, ya que te ayuda a despejar la mente y relajarte. Caminar puede ayudarte a aliviar el estrés, ya que aumenta tu ritmo cardíaco y la circulación sanguínea, lo que a su vez te ayuda a desestresarte. También ayuda a llevar oxígeno a tu cuerpo, lo cual contribuye tanto al alivio del estrés como a la eliminación de toxinas.

Cómo hacer la meditación caminando:

Encuentra un buen lugar para caminar. Puede ser en el césped, los parques o zonas verdes para disfrutar de caminatas relajantes y reconectar con la naturaleza.

1. Camina lentamente con propósito.

2. Mientras caminas, notarás que muchos pensamientos pasan por tu mente. Detén esos pensamientos mentalmente y vuelve a centrarte en el acto de caminar.

3. Presta atención a la sensación de tus pies golpeando el suelo y a los sonidos que hacen.

4. Mientras caminas, nota tu respiración y cómo comienza a sincronizarse con el ritmo de tu caminar. Disfruta del ritmo y permite que te concentres en él.

5. Usa un temporizador para saber cuándo detenerte. O continúa caminando si lo estás disfrutando y no tienes prisa.

Meditación de bondad amorosa: La meditación de bondad amorosa es una forma de meditación que promueve las virtudes del amor y la bondad. En estos tiempos de caos y oscuridad, esta forma de meditación es más necesaria que nunca. Te enseña a enfocarte en cosas como la amabilidad, la gentileza y la compasión, mientras abres tu corazón a quienes te rodean y te tratas a ti mismo con el amor que te mereces.

Cómo hacer la meditación de bondad amorosa:

1. Comienza sentándote en una posición cómoda (la posición de loto es ideal, pero cualquier otra posición está bien).

2. Respira profundamente varias veces hasta que sientas que tu mente está presente en el aquí y ahora.

3. Dite a ti mismo algunas frases como: "Que sea feliz", "Que esté a salvo", "Que sea amado", "Que sea tratado con amabilidad". Elige tus frases antes de la meditación y repítelas una y otra vez.

4. Luego, repite las mismas frases, pero esta vez dirígelas a alguien en tu vida por quien sientas cariño, reemplazando la palabra "yo" por "tú".

5. Si te sientes capaz, puedes canalizar estas frases incluso hacia personas o situaciones que no te gustan. Dedica de cinco a diez minutos y luego habrás terminado.

Cómo Crear una Práctica de Meditación Diaria

Programar tu práctica diaria de meditación es vital si deseas establecer una rutina regular. Aquí hay algunas cosas que puedes hacer para asegurarte de que tengas éxito una vez que hayas establecido un horario para tu meditación:

1. Elige un momento que se ajuste a tu rutina y comprométete con él.

2. Ve al mismo lugar, ya sea en interiores o exteriores, cada vez, para que sea más probable que te apegues a la práctica. (Si es posible, trata de hacer que este lugar sea tranquilo y relajante).

3. Configura un temporizador para la duración de tu sesión, idealmente 10 minutos, para mantener el enfoque en la meditación en lugar de distraerte con pensamientos sobre si has meditado lo suficiente.

4. Identifica tu propio disparador único de meditación (una frase, un sonido, un olor, una imagen) para ayudarte a relajarte en la práctica cuando estés apurado.

5. Evita usar el teléfono durante el tiempo de meditación y trata de no revisarlo antes o después.

6. Planea tomar un tiempo después para escribir en un diario sobre lo que has aprendido en la práctica o simplemente para reflexionar sobre cómo te sentiste durante cada momento de meditación.

Mindfulness y Meditación para el Manejo del Estrés y el Bienestar General

El *mindfulness* es una forma de conciencia que nos permite vivir con mayor fluidez, fluir más fácilmente en nuestra experiencia momento a momento y ser más felices con quienes somos. Cuando se practica regularmente a través de la meditación y otras prácticas de *mindfulness*, esta conciencia mejora nuestro bienestar al ayudarnos a enfrentar de manera efectiva los estresores a lo largo del día.

Debido a que aumenta el bienestar, el *mindfulness* es una parte importante de los programas de salud mental en escuelas, lugares de trabajo y otras organizaciones. Las investigaciones muestran que la reducción de estrés basada en *mindfulness* (MBSR) puede producir beneficios significativos para las personas que padecen trastornos de ansiedad, depresión o dolor. Ya sea que practiques meditación u otra forma de *mindfulness*, puedes esperar disfrutar de los siguientes beneficios:

- Notarás y aceptarás tus reacciones a las sensaciones en el cuerpo, pensamientos y emociones.

- Aceptarás tus circunstancias y responderás a ellas desde un lugar de paz.

- Te permitirás un tiempo y espacio para hacer una pausa, relajarte y simplemente estar con lo que esté sucediendo en cualquier momento.

- Reducirás el vagabundeo mental en el que te pierdes en pensamientos y fantasías. Estos a menudo están relacionados con experiencias pasadas o preocupaciones sobre el futuro, pero también pueden ser generados por estímulos externos.

Cuando juntas todo esto, verás claramente lo valioso que es estar arraigado en el aquí y el ahora. Solo cuando estás presente y con los pies en la tierra podrás tomar el control de tu vida y conectarte con las personas de manera efectiva, sin dejar espacio para malentendidos que solo alimentan el ruido en tu cabeza. Hablando de conectarte con los demás, veamos cómo puedes hacerlo como un profesional en el próximo capítulo.

Diálogo efectivo: cómo brillar y solucionar

A menudo caminamos por la vida creyendo que nuestras palabras no tienen peso, como si pudiéramos decir lo que queramos sin que haya consecuencias reales. Esta percepción no es única; muchos compartimos la errónea idea de que nuestras palabras se disuelven en el aire como el humo, especialmente si no se registran en internet o los medios. Pensamos que un comentario descuidado hacia un vecino o una confidencia compartida con un amigo quedarán enterrados en la insignificancia. Pero la verdad es mucho más compleja.

Cada palabra que decimos, incluso las que creemos insignificantes, tienen eco. No siempre lo vemos, pero ese eco viaja, afecta y se transforma, impactando las emociones, los pensamientos y las decisiones de quienes nos rodean. Lo que decimos puede construir puentes o cavar abismos, puede sanar o herir. Y aunque a menudo nos decimos que 'a nadie le importa lo suficiente,' la realidad es que siempre hay consecuencias, incluso si no somos conscientes de ellas en el momento.

La buena noticia es que podemos tomar el control. Con un poco de conciencia y práctica, podemos aprender a comunicarnos de manera más efectiva, a crear conexiones auténticas y a ser más productivos en nuestras relaciones. Aquí es donde entra en juego una habilidad que a menudo subestimamos: la escucha activa.

La escucha activa: la puerta hacia la conexión humana

Escuchar no es simplemente un acto de cortesía; es un acto de presencia. Cuando escuchamos activamente, nos mostramos completos frente a la otra persona. No se trata de quedarnos quietos como una figura de cartón, mirando sin reaccionar. Se trata de sumergirse en la experiencia del otro, de hacer preguntas que inviten a profundizar, de parafrasear para asegurar que hemos entendido, y de reflejar las emociones que se transmiten detrás de las palabras. La escucha activa no solo ayuda a evitar malentendidos, sino que también comunica algo poderoso: 'Te veo. Te escucho. Tú importas.'

Los tres pilares de la escucha activa

La escucha activa tiene tres pasos fundamentales:

- **Escuchar** sin distracciones, con toda nuestra atención dirigida a la persona frente a nosotros.

- **Parafrasear**, repitiendo con nuestras propias palabras lo que hemos oído, para demostrar que comprendemos.

- **Reflejar emociones**, reconociendo lo que la otra persona siente y validando su experiencia, aunque no estemos de acuerdo.

Cuando practicamos estos pasos, algo mágico ocurre. Creamos un espacio seguro donde la otra persona se siente valorada y respetada. Pero este tipo de atención no surge por casualidad; requiere esfuerzo consciente. Nos distraemos fácilmente con el ruido de fondo de la vida: correos electrónicos, notificaciones, preocupaciones, o simplemente nuestra prisa por expresar lo que pensamos. Estas distracciones actúan como muros invisibles que nos separan de los demás y nos impiden construir relaciones profundas.

Las conversaciones como el alma de la vida

La comunicación no es solo una herramienta para intercambiar información; es el núcleo que da sentido a la vida. He llegado a creer que las conversaciones más significativas no son aquellas donde ganamos un argumento, sino aquellas donde las personas se sienten verdaderamente comprendidas. Sin embargo, demasiadas veces olvidamos lo esencial: escuchar.

Si te tomas un momento para reflexionar, te darás cuenta de que escuchar de verdad es un regalo escaso y poderoso. En un mundo lleno de distracciones, ser plenamente presente en una conversación es una muestra de respeto que pocos practican, pero todos valoran. Cuando escuchas activamente, no solo das tu tiempo; das algo mucho más valioso: validación y conexión humana.

Más allá del ruido

Imagina lo que podrías lograr si aprendieras a escuchar con intención. Podrías resolver conflictos con empatía, inspirar a otros con tu comprensión y construir relaciones más significativas. La próxima vez que hables con alguien, prueba esto: apaga el ruido de tu mente, deja de pensar en lo que dirás después y concéntrate en lo que la otra persona está diciendo y sintiendo. Ese pequeño cambio puede transformar no solo tus conversaciones, sino también la calidad de tus relaciones y, en última instancia, tu vida."

Técnicas para la Escucha Activa y la Expresión Clara

1. **Recuerda por qué estás teniendo la conversación**: Debería tratarse de ellos, no de ti. Cuando te comunicas con alguien, es importante que toda tu atención esté en ellos y en el mensaje que intentan transmitirte. Esa es la única forma de lograr una verdadera comprensión. Recuerda, en capítulos anteriores hablamos de la importancia de estar consciente. Bueno, la escucha activa implica

estar consciente en el momento de lo que la otra persona está diciendo y también de lo que no está diciendo. Como oyente activo, es importante que tu mente no esté pensando en otra cosa y que no estés ocupado ensayando lo que vas a decirles a continuación. Lo que debes hacer en su lugar es considerar las palabras que salen de su boca, lo que significan en el contexto y su lenguaje corporal. Un ejercicio útil para esto es imaginar que eres tú quien está diciendo todo lo que están diciendo. De esa manera, se vuelve obvio para ti cuáles son sus motivaciones y preocupaciones.

2. **Nota lo que dice su cuerpo**: Cuando las personas piensan en comunicación, a menudo creen que se trata solo de palabras, pero nada más lejos de la verdad. El cuerpo también habla y debes aprender a prestar atención a las señales que la otra persona te da. A veces te comunicarán las cosas muy claramente y conscientemente, y otras veces habrá cosas apenas perceptibles que hacen con su cuerpo que te dan más contexto sobre lo que te están diciendo. Piensa en su postura, en cómo gesticulan con las manos, si mantienen contacto visual o no, y qué están haciendo con su rostro. También considera qué está haciendo tu propio cuerpo, ya que quieres presentarte de manera abierta y atenta. Mantener una cantidad cómoda de contacto visual, asentir de vez en cuando y sonreír en el momento adecuado son buenas maneras de demostrar que estás presente y escuchando.

3. **Da señales verbales de que estás escuchando**: Puedes decirle a la otra persona cosas como, "Sí, entiendo de dónde vienes," o, "mm hmm," o, "sigue adelante". El propósito de frases como estas es hacerle saber a la otra persona que estás activamente comprometido e interesado en lo que está diciendo. Si eres tú quien está hablando, también puedes enfatizar ciertas partes de lo que dices. Por ejemplo, si quieres hacer un punto importante, puedes ralentizar la velocidad de esa frase o hablar más fuerte, o bien, hacer una pausa para dar énfasis.

4. **Reformula y aclara**: Hay momentos en las conversaciones en los que no basta con decir "Ya veo" o asentir con la cabeza. En esos momentos, puedes tomar lo que están diciendo y ponerlo en tus propias palabras para asegurarte de que has entendido bien. Verifica con ellos que has captado el mensaje correctamente y que no te has perdido nada.

5. **Pregunta**: ¿Te has encontrado alguna vez en una situación en la que alguien te dice algo y no estás completamente seguro de lo que está diciendo? Entonces solo sonríes y asientes, esperando que no se den cuenta de que no entendiste. Esto no es lo ideal. Lo que deberías hacer es hacer preguntas para asegurarte de haber entendido lo que dicen. Esto te brinda la oportunidad de conectarte mejor con la otra persona y les muestra que te importa lo que están diciendo.

6. **Nunca juzgues**: Algunas personas creen que la escucha activa también significa hacer juicios sobre lo que dice la otra persona, pero esto no es así. Cuando escuchas, no es el momento de decidir si estás de acuerdo o no. Lo que quieres hacer es escucharlos primero y tratar de ver las cosas desde su perspectiva.

7. **Da un resumen y luego tus opiniones**: Cuando la otra persona haya terminado de hablar, resume lo que ha dicho y comparte tus opiniones. Hacerlo muestra que no solo has escuchado, sino que has comprendido, procesado el mensaje y empatizando con el interlocutor.

Conversaciones Difíciles: Un Arte que Transforma Relaciones y Liderazgo

Las conversaciones difíciles son el espejo de nuestras relaciones y de nosotros mismos. Revelan nuestras inseguridades, nuestras fortalezas y, sobre todo, nuestra capacidad para conectar genuinamente con los demás. Sin embargo, muchas veces preferimos evitarlas, como si el silencio pudiera solucionar aquello que no nos atrevemos a decir. Pero la verdad es que las palabras que no se expresan se convierten en barreras invisibles, desgastando lentamente nuestras relaciones y, a menudo, nuestra propia paz interior.

Piensa en esas ocasiones en las que evitaste decir algo por miedo al conflicto o al rechazo. Tal vez fue un comentario que dejaste pasar con un amigo, una verdad que escondiste a tu pareja o un desacuerdo que preferiste silenciar en el trabajo. Al principio, parecía la solución más fácil, pero con el tiempo, esa elección se sintió como un peso creciente, una distancia que se iba formando entre tú y la otra persona. Porque la realidad es esta: las conversaciones difíciles no desaparecen cuando las ignoramos; solo se transforman en un ruido de fondo constante.

La buena noticia es que abordar estas conversaciones no solo es posible, sino que puede ser profundamente transformador. Al principio, puede parecer aterrador. Sentirás el nudo en el estómago, esa vocecita interna que te dice que mejor lo dejes para otro día. Pero cada vez que eliges enfrentar esos momentos incómodos, estás entrenando un músculo emocional que, con el tiempo, se fortalece.

Imagina a una persona como Nelson Mandela, alguien que pasó 27 años encarcelado por luchar por lo que creía. Cuando finalmente tuvo la oportunidad de dialogar con sus opresores, no lo hizo con rabia ni rencor, sino con una claridad y empatía que desarmaron incluso a sus más grandes enemigos. Mandela entendió que una conversación difícil no es una batalla para ganar, sino un puente que puede unir incluso a los corazones más distantes.

La honestidad es la columna vertebral de estas interacciones. Pero no una honestidad cruel o impulsiva, sino una que proviene de un lugar de respeto y claridad. Antes de entrar en una conversación difícil, necesitas ser honesto contigo mismo. Pregúntate: *¿Por qué esta conversación es importante para mí? ¿Qué estoy dispuesto a escuchar?* Esta preparación te ayudará a evitar que el ego domine el diálogo. No se trata de demostrar quién tiene razón, sino de crear un espacio donde ambas partes puedan sentirse vistas y escuchadas.

A medida que te sientes con la otra persona, recuerda que las palabras que eliges importan, pero también lo hacen tus gestos, tu tono y tu presencia. La escucha activa se convierte aquí en un superpoder. Cuando escuchas realmente a alguien, no solo con los oídos, sino con el corazón, algo cambia en la dinámica. La otra persona deja de sentirse atacada y comienza a sentir que su perspectiva tiene valor. En ese momento, la conversación deja de ser un enfrentamiento y se convierte en una oportunidad para construir algo nuevo.

Un gran líder como Satya Nadella, CEO de Microsoft, ha demostrado el poder de la empatía en las conversaciones difíciles. Cuando asumió el liderazgo de la compañía, enfrentó una cultura corporativa rígida y competitiva. En lugar de imponer cambios desde la cima, eligió escuchar. En reuniones con empleados, se tomaba el tiempo para entender sus preocupaciones y sus sueños, y desde ahí construyó una nueva visión para Microsoft. Nadella no evitó las conversaciones incómodas; las abrazó como una herramienta para el cambio.

Pero ser empático no significa renunciar a la claridad. Es fundamental que en estas conversaciones difíciles puedas expresar por qué estás ahí y qué esperas lograr. Decir algo como: *"Estoy teniendo esta conversación contigo porque valoro nuestra relación y quiero que trabajemos juntos para mejorarla"* puede cambiar completamente el tono del intercambio. Cuando la otra persona entiende que tu intención no es atacar, sino construir, es más probable que se abra al diálogo.

Por supuesto, no todas las conversaciones terminarán en acuerdos perfectos. Habrá momentos en los que no se llegue a un entendimiento completo. Pero incluso en esos casos, el simple acto de haber intentado comunicarte de manera auténtica habrá dejado una semilla. Y con el tiempo, esa semilla puede florecer en respeto, comprensión y, quizás, una nueva oportunidad para dialogar.

Al final, las conversaciones difíciles son un arte. Requieren paciencia, valentía y una disposición constante para aprender. Pero lo más importante es que son una herramienta para acercarnos más a los demás y a nosotros mismos. Cada vez que te enfrentas a una de estas conversaciones, no solo estás resolviendo un problema; estás creciendo como persona y fortaleciendo tus relaciones más importantes.

Así que, la próxima vez que sientas el impulso de evitar una conversación incómoda, recuerda esto: lo que parece una montaña insuperable desde lejos, a menudo se convierte en un camino lleno de aprendizajes una vez que empiezas a caminarlo. Y al final, siempre hay algo valioso esperando del otro lado.

Puedes abordar las conversaciones difíciles con mayor confianza, reduciendo la ansiedad y aumentando las posibilidades de resolver conflictos de manera efectiva.

Para ello, necesitas herramientas, no como un manual rígido, sino como un conjunto de principios que guíen tus interacciones y te permitan construir puentes donde antes había barreras. Reflexionemos juntos sobre cómo estas estrategias pueden cambiar no solo tus conversaciones, sino también tu vida.

Comprender la situación: Escuchar antes de reaccionar

¿Cuántas veces has estado en una conversación donde la otra persona dice algo que no tiene sentido para ti? Tal vez tus emociones comiencen a subir, y antes de darte cuenta, estás respondiendo desde un lugar de frustración o incomodidad. Este es un punto de inflexión. En lugar de apresurarte a responder, ¿por qué no dar un paso atrás y buscar claridad?

Pide a la otra persona que te explique más. No desde la sospecha o la defensiva, sino desde un genuino interés por entender. Frases como "¿Podrías explicarme un poco más qué quieres decir con esto?" o "Quiero asegurarme de que entiendo bien tu punto de vista, ¿puedes darle un poco de contesto?" abren el espacio para un diálogo más profundo y significativo. Este pequeño acto de pausa transforma el tono de la conversación.

Piensa en las veces que has asumido lo que alguien quería decir, solo para descubrir después que habías interpretado mal su intención. Preguntar no solo evita malentendidos; también demuestra respeto y compromiso. Y al final, no se trata de ganar un argumento, sino de construir entendimiento.

Reflexión técnica:

Cuando haces preguntas para comprender la situación, utiliza el parafraseo reflexivo: reformula lo que has escuchado con tus propias palabras para confirmar tu entendimiento. Esto no solo asegura claridad, sino que también hace que la otra persona se sienta escuchada. Frases como: "Entonces, lo que entiendo es que te sientes excluido cuando no te consultan. ¿Es correcto?" refuerzan la conexión y muestran disposición para resolver juntos.

Haz preguntas en lugar de afirmaciones: Explorar antes de imponer

Las afirmaciones cierran puertas, mientras que las preguntas las abren. Cuando alguien expresa algo con lo que no estás de acuerdo, el impulso natural puede ser refutarlo o justificar tu punto de vista. Pero, ¿qué sucede si en lugar de afirmar, preguntas?

Supongamos que alguien te dice: *"Nunca me das suficiente atención."* En lugar de apresurarte a responder: *"Eso no es cierto, siempre estoy pendiente de ti,"* podrías preguntar: "¿Qué situaciones te hacen sentir así? Quiero entender cómo puedo mejorar." Esta simple pregunta no solo desactiva la tensión, sino que también le da a la otra persona la oportunidad de explorar y compartir lo que realmente necesita.

Hacer preguntas no se trata solo de buscar respuestas; se trata de invitar a la reflexión. Preguntar desde la curiosidad genuina crea un espacio para que ambas partes lleguen a un entendimiento más profundo, incluso cuando no están de acuerdo.

Reflexión técnica:

Las preguntas abiertas son herramientas poderosas. No guían hacia una respuesta específica, sino que permiten que la conversación fluya. Algunas de las mejores preguntas abiertas incluyen:

"¿Qué crees que podemos hacer para mejorar esto juntos?"

"¿Cómo te gustaría que manejáramos esto en el futuro?"

Estas preguntas no solo muestran disposición para colaborar, sino que también invitan a la otra persona a sentirse parte activa de la solución.

Ofrece respuestas empáticas: Conecta desde el corazón

La empatía es más que ponerse en los zapatos del otro; es hacerles sentir que estás dispuesto a caminar con ellos. En conversaciones difíciles, la empatía no solo calma las aguas, sino que también genera confianza. Sin embargo, muchas veces evitamos ser empáticos porque creemos que significa estar de acuerdo con la otra persona. Nada más lejos de la verdad.

Ser empático no implica ceder, sino reconocer el valor de los sentimientos del otro. Imagina que alguien expresa enojo porque siente que lo has ignorado. Podrías reaccionar a la defensiva, o podrías decir: "Entiendo que te haya molestado, y lamento si te hice sentir así. Quiero saber más para que podamos arreglarlo." Este pequeño acto de validación puede transformar una conversación que parecía destinada al conflicto.

Reflexión técnica:

Usa el reflejo emocional. Cuando alguien comparte una emoción, reconócelo directamente. Por ejemplo, si alguien dice: *"Estoy muy frustrado porque no cumpliste con tu parte,"* podrías responder: "Parece que esta situación te ha causado mucha frustración. ¿Qué crees que podemos hacer para solucionarlo?" Esto no solo valida sus emociones, sino que demuestra tu disposición para colaborar.

Busca soluciones: Construye, no destruyas

En una conversación difícil, es fácil quedarse atrapado en un ciclo de quejas y recriminaciones. Pero en lugar de concentrarte únicamente en lo que salió mal, dirige la conversación hacia lo que se puede hacer para avanzar.

Imagina que alguien dice: *"Nunca tomas en cuenta mis ideas."* En lugar de responder: *"Eso no es cierto, siempre lo hago,"* podrías decir: "Entiendo que te sientas así. ¿Qué podemos hacer para asegurarnos de que tus ideas se consideren más en el futuro?" Esta pequeña desviación cambia la conversación de un enfrentamiento a una colaboración.

Reflexión técnica:

Reenfoca la conversación utilizando un lenguaje orientado a soluciones. Una técnica útil es el reencuadre positivo: toma la queja o el problema y enmarca una solución. Por ejemplo, si alguien dice: *"Esto nunca funciona,"* podrías responder: "Entiendo que no ha funcionado antes, ¿qué podemos hacer diferente esta vez para tener mejores resultados?"

Las conversaciones difíciles no son obstáculos, son oportunidades. Nos retan a escuchar con más atención, a hablar con más claridad y a conectar con más empatía. Son una invitación a reflexionar sobre quiénes somos en nuestras relaciones y cómo podemos ser mejores. Así que, la próxima vez que te enfrentes a una, recuerda: no estás solo en ese desafío, pero tienes el poder de convertirlo en un momento de transformación. Y, al hacerlo, descubrirás que las conversaciones más difíciles son a menudo las que más nos enseñan.

Cómo el sobrepensamiento sabotea nuestras conversaciones

¿Bueno, pero que tienen que ver sobrepensamiento y las conversaciones difíciles? Estas dos cosas comparten un enemigo común: el miedo. Ese miedo que alimenta un torrente de pensamientos repetitivos, de preguntas sin respuesta, de escenarios que nunca ocurren. Cuando enfrentamos una conversación incómoda, nuestra mente puede convertirse en un campo de batalla, atrapándonos en un ciclo de "¿Qué debería decir?" y "¿Qué pensarán de mí si lo digo?". Pero aquí está la paradoja: el sobrepensamiento, que pretende protegernos, nos aleja de la única herramienta que realmente puede resolver el conflicto: Saber comunicar.

Piensa en cuántas veces has revisado una conversación antes de tenerla. Ensayamos diálogos en nuestra cabeza como si fuéramos actores en un teatro invisible, obsesionándonos con cada palabra, anticipando respuestas, incluso fabricando rechazos que no existen. Sin embargo, cuando llega el momento de hablar, lo que hemos imaginado rara vez sucede. Lo que sí ocurre, en cambio, es que el sobrepensamiento nos deja agotados, inseguros y muchas veces en silencio.

El problema del sobrepensamiento es que nos desconecta. En lugar de estar presentes en la conversación, quedamos atrapados en nuestra narrativa interna, interpretando, juzgando o anticipando en exceso. Así, no solo nos privamos de escuchar realmente al otro, sino que también nos alejamos de lo más importante: nuestra autenticidad.

De la parálisis al propósito: rompiendo el ciclo

Superar el sobrepensamiento no significa apagarlo mágicamente, sino aprender a reconocerlo y dirigir nuestra energía hacia el presente. Cuando te enfrentes a una conversación difícil, en lugar de perderte en el "¿Qué pasará si...?", pregúntate: "¿Qué quiero lograr con esto?" Al identificar un propósito claro, el ruido mental pierde fuerza, porque ahora tienes un enfoque que te guía.

Por ejemplo, si necesitas disculparte con alguien, no te obsesiones con encontrar las palabras perfectas o anticipar su reacción. En lugar de eso, concéntrate en el propósito: expresar sinceridad y reparar la relación. Cuando te anclas en el porqué de la conversación, el cómo se vuelve más sencillo. La acción, no la especulación, es lo que disuelve la ansiedad.

El poder de estar presente en la conversación

El sobrepensamiento también nos roba algo esencial: la capacidad de escuchar. Cuando estamos atrapados en nuestra mente, no escuchamos para entender; escuchamos para responder. Estamos tan ocupados preparando nuestra próxima frase que no dejamos espacio para el diálogo auténtico.

Pero ¿qué sucede cuando te permites estar presente? Cuando dejas de planificar cada palabra y simplemente te dedicas a escuchar, no solo comprendes mejor a la otra persona, sino que también encuentras respuestas más genuinas. Escuchar plenamente es el antídoto contra el sobrepensamiento, porque desvía tu atención del ruido interno hacia el momento compartido.

Conclusión: Dejar de pensar, empezar a hablar

Este capítulo no es solo sobre cómo manejar conversaciones difíciles; es un llamado a enfrentar el sobrepensamiento que las complica. Hablar no es fácil, pero quedarse atrapado en un ciclo de pensamientos interminables es mucho más agotador. La vida, las relaciones y el crecimiento personal requieren acción. Requieren que digamos lo que sentimos, incluso si las palabras no salen perfectas.

Al final, las conversaciones difíciles no son solo un medio para resolver conflictos; son herramientas para liberarnos del peso mental que arrastramos cuando evitamos enfrentarlas. Cada vez que eliges hablar en lugar de sobrepensar, estás afirmando tu capacidad para conectar, para resolver y, en última instancia, para crecer.

Así que la próxima vez que sientas el impulso de ensayar una conversación una y otra vez en tu cabeza, detente. Respira hondo. Pregúntate: "¿Qué quiero lograr realmente?" Y luego, ten la conversación. Porque mientras el sobrepensamiento te mantendrá atrapado, hablar te liberará. Esa es la verdadera lección: nuestras palabras, imperfectas como puedan ser, tienen el poder de sanar, de conectar y de movernos hacia adelante.

Gratitud: enfócate en lo bueno, vive mejor

Uno de los problemas más comunes que enfrentan las personas es la falta de perspectiva y el enfoque constante en pensamientos y emociones negativas. Un ejemplo de esto es alguien que, atrapado en un ciclo de negatividad, se siente desconectado de cualquier sentido de gratitud por su vida. Esta falta de gratitud no solo afecta su bienestar emocional, sino que también empieza a repercutir en diferentes áreas: las relaciones comienzan a deteriorarse, el progreso profesional se ve obstaculizado, y la salud física empieza a resentirse. Este patrón puede parecer inofensivo al principio, pero con el tiempo se convierte en una espiral que resulta difícil de romper.

Andrés es un ejemplo claro de esto. Cuando hablamos por primera vez, describió su vida como si estuviera caminando en círculos, viendo siempre los mismos problemas desde diferentes ángulos, pero sin encontrar una salida. Su día a día estaba lleno de frustración, autocrítica y un sentido abrumador de insatisfacción.

Andrés no era una persona sin recursos ni habilidades. De hecho, era talentoso, tenía amigos y una carrera prometedora. Pero la forma en que interpretaba su mundo estaba profundamente teñida por la negatividad. Era como si llevara unas gafas que le permitían ver cada pequeño defecto en su vida con absoluta claridad, mientras lo bueno permanecía completamente desenfocado.

Esto empezó a afectar todo a su alrededor. Sus relaciones se volvieron tensas porque se concentraba más en los errores y los malentendidos que en los momentos de conexión. Un comentario inofensivo de un amigo se convertía en una razón para sentirse ofendido, y un simple desacuerdo familiar parecía una gran traición. Andrés estaba construyendo muros donde antes había puentes, aislándose de quienes lo querían.

En el trabajo, la negatividad no era menos implacable. Cada vez que lograba algo, su mente encontraba la manera de minimizarlo: *"No fue tan importante,"* o *"Cualquiera podría haberlo hecho."* Esa voz interna, tan crítica y persistente, lo empujaba a dudar de sí mismo y a evitar tomar riesgos. Cuando surgían nuevas oportunidades, Andrés no las veía como una puerta hacia el crecimiento, sino como trampas potenciales donde podría fallar. Y en lugar de avanzar, se estancaba.

La vida no suele separar la mente del cuerpo, y en Andrés, la conexión era clara. El estrés y la autocrítica constantes empezaron a cobrar factura en su salud. Comía mal, dormía poco y evitaba cualquier tipo de actividad física porque, en sus palabras, *"no tenía sentido intentarlo."* Su cuerpo, reflejo de su estado emocional, comenzó a deteriorarse.

Pero lo más significativo no era lo que Andrés estaba perdiendo en términos tangibles, sino lo que ya no podía sentir: gratitud. La capacidad de apreciar lo pequeño, de reconocer lo bueno, había desaparecido. Era como si la vida hubiera perdido el color para él, dejándolo atrapado en una monotonía emocional que lo mantenía desconectado de sí mismo y de los demás.

Lo fascinante de la historia de Andrés no es cuánto había caído, sino cómo empezó a levantarse. Su cambio no llegó con grandes revelaciones ni transformaciones instantáneas. Fue un proceso lleno de tropiezos, pero marcado por un descubrimiento clave: el poder de la gratitud.

Comenzó de manera simple, casi incómoda al principio. Una libreta, un bolígrafo y el compromiso de escribir tres cosas por las que estaba agradecido cada día. "¿Agradecido? ¿Por qué?" solía preguntarse con desconfianza. Pero con el tiempo, empezó a notar cosas que antes pasaban desapercibidas: una conversación con un amigo que lo hizo reír, el sabor del café en una mañana fría, la sensación de satisfacción al completar una tarea. Cosas pequeñas, sí, pero reales.

La gratitud comenzó a cambiar la forma en que veía sus relaciones. Ya no se enfocaba solo en los errores de los demás, sino que empezaba a reconocer sus esfuerzos, sus buenas intenciones, y eso cambió todo. Las conversaciones con sus amigos y familiares se volvieron menos tensas y más significativas. Comenzó a construir puentes donde antes había levantado muros.

En su carrera, algo similar ocurrió. Al practicar la gratitud, Andrés empezó a reconocer sus propios logros. Aprendió a valorar el esfuerzo detrás de cada tarea, y con ello llegó algo inesperado: confianza. Esa confianza lo empujó a tomar más riesgos, a decir que sí a proyectos nuevos y a verse a sí mismo como alguien capaz de avanzar.

Incluso su cuerpo respondió al cambio. Poco a poco, comenzó a cuidar más de sí mismo. No porque quisiera alcanzar un objetivo físico, sino porque finalmente sintió que lo merecía. Caminatas, comidas más balanceadas y mejor sueño se convirtieron en parte de su rutina. No solo recuperó energía, sino que empezó a disfrutar nuevamente de estar vivo.

La historia de Andrés nos enseña algo fundamental: el cambio no comienza con grandes gestos, sino con pequeños actos consistentes. La gratitud, aunque parece sencilla, es una herramienta poderosa que puede transformar nuestra forma de ver el mundo y, en consecuencia, la forma en que vivimos. Andrés no solucionó todos sus problemas de la noche a la mañana, pero encontró una forma de enfrentarlos con una nueva perspectiva, una que le permitió avanzar en lugar de quedarse atrapado.

Al final, no se trata de ignorar los problemas ni de pretender que todo está bien. Se trata de reconocer que, incluso en los momentos más oscuros, siempre hay algo por lo que podemos estar agradecidos. Y desde esa gratitud, construir una vida más plena, más conectada y, sobre todo, más nuestra.

La Definición y los Beneficios de la Gratitud

La gratitud no es solo un estado emocional pasajero; es un cambio de perspectiva, una forma de vivir que replantea cómo interactuamos con el mundo. Es el antídoto contra el ciclo de insatisfacción que muchas veces nos atrapa y nos lleva a ver solo lo que falta, lo que duele o lo que no funciona. En lugar de quedarnos atrapados en lo negativo, la gratitud nos invita a enfocarnos en lo que sí está presente, en lo que nos sostiene y nos da alegría, incluso en medio de las dificultades.

¿Te has detenido alguna vez a reflexionar sobre cómo interpretas tu día a día? A menudo damos por sentado las cosas más importantes: un techo sobre nuestras cabezas, una comida en la mesa, una sonrisa inesperada, o incluso el simple hecho de estar vivos. La gratitud nos obliga a detenernos, a observar y a valorar estos momentos, grandes o pequeños, para redescubrir la riqueza que ya tenemos.

Cuando practicamos la gratitud, no solo nos sentimos mejor emocionalmente; cambiamos la manera en que enfrentamos la vida. Veamos cómo:

Un mejor estado de ánimo que se extiende a todo; La gratitud tiene el poder de transformar nuestra mentalidad. Los estudios han demostrado que las personas agradecidas experimentan más emociones positivas, como la felicidad y la satisfacción, mientras que emociones negativas como la envidia o el resentimiento se disipan. Es como si la gratitud reconfigurara nuestro cerebro para buscar lo bueno, permitiéndonos disfrutar más del presente.

Mayor satisfacción con la vida; Practicar la gratitud nos ayuda a reconocer que la felicidad no siempre está en grandes logros o eventos extraordinarios. Está en lo cotidiano, en esos detalles que solemos pasar por alto. Al enfocarnos en ellos, nuestra percepción de la vida se transforma, y con ella, nuestra satisfacción general.

Un descanso más profundo; ¿Sabías que la gratitud también puede mejorar la calidad de tu sueño? Cuando nos tomamos un momento antes de dormir para reflexionar sobre las cosas buenas del día, nuestra mente se calma. En lugar de dar vueltas pensando en problemas, encontramos una sensación de paz que nos prepara para un descanso reparador.

Resiliencia frente a las dificultades; En los momentos difíciles, la gratitud actúa como un faro. Nos ayuda a encontrar algo a lo que aferrarnos, algo que nos recuerde que no todo está perdido. Este cambio de perspectiva no solo nos consuela; también nos fortalece para enfrentar los desafíos con más determinación.

Relaciones más profundas y significativas; Cuando comenzamos a practicar la gratitud, nuestras relaciones también cambian. Nos volvemos más conscientes de los gestos de los demás, más dispuestos a perdonar pequeños errores y más inclinados a expresar aprecio. Esto no solo mejora la comunicación, sino que fortalece los lazos emocionales, creando un círculo virtuoso de conexión y reciprocidad.

Un cuerpo más sano; La gratitud también tiene beneficios físicos. Investigaciones han encontrado que quienes practican la gratitud regularmente tienen sistemas inmunológicos más fuertes, menos estrés y una mejor salud cardiovascular. La conexión entre la mente y el cuerpo es poderosa, y la gratitud es una prueba de ello.

Cómo cultivar la gratitud en tu vida diaria

La gratitud no surge de la nada; es una práctica que se cultiva con intención y repetición. A continuación, encontrarás formas concretas de incorporar la gratitud en tu vida diaria, acompañadas de ejemplos prácticos que pueden inspirarte a comenzar.

Lleva un diario de gratitud

Dedica unos minutos al final del día para escribir tres cosas por las que estás agradecido. No tienen que ser grandes eventos, sino pequeños momentos que hayan significado algo para ti: tal vez el saludo amable de un vecino, un rayo de sol después de un día gris o simplemente el placer de disfrutar tu comida favorita.

Ejemplo práctico: Antes de dormir, abre una libreta y escribe: "Hoy estoy agradecido por el café caliente que tomé por la mañana, la risa que compartí con un amigo y el momento de tranquilidad al leer un libro por la tarde." Este hábito, aunque simple, transforma tu perspectiva diaria.

Expresa gratitud hacia los demás

Agradecer directamente a alguien no solo fortalece tu relación con esa persona, sino que también te ayuda a reflexionar sobre cómo otros contribuyen a tu vida. Puedes escribir una carta, enviar un mensaje o simplemente expresar tu gratitud en una conversación.

Ejemplo práctico: Si alguien te ayudó con un consejo o una tarea difícil, tómate un momento para decirle: "Quiero agradecerte por lo que hiciste. Significó mucho para mí y marcó la diferencia en mi día." Este simple acto no solo crea una conexión más profunda, sino que también te permite enfocarte en los aspectos positivos de tus relaciones.

Crea un ritual de gratitud

Los rituales son poderosos porque anclan nuestros hábitos en nuestra rutina diaria. Puedes elegir un momento específico del día para practicar la gratitud, como al despertar, antes de comer o al acostarte.

Ejemplo práctico: Antes de cada comida, detente un instante para reflexionar: "Estoy agradecido por tener este alimento frente a mí y por las personas que lo hicieron posible." Este pequeño ritual no solo fomenta la gratitud, sino que también te ayuda a ser más consciente del momento presente.

Reflexiona sobre experiencias pasadas

Incluso los momentos difíciles contienen lecciones valiosas. Reflexionar sobre lo que aprendiste de esas experiencias puede ayudarte a encontrar gratitud en medio de la adversidad.

Ejemplo práctico: Si enfrentaste un desafío personal o profesional, pregúntate: "¿Qué aprendí de esta experiencia? ¿Cómo me ayudó a crecer?" Puede que descubras que, aunque fue un momento difícil, te fortaleció o te llevó a nuevas oportunidades.

Practica la atención plena

La gratitud florece en el presente. Tómate un momento para observar lo que está sucediendo a tu alrededor: el aroma de una comida, el sonido del viento o la sensación de calidez en tus manos mientras sostienes una taza de té.

Ejemplo práctico: Mientras caminas, en lugar de apresurarte, detente a observar los árboles, las nubes o los detalles de tu entorno. Reflexiona sobre la belleza que muchas veces pasa desapercibida y siente gratitud por esos momentos de conexión con el mundo.

Crea un frasco de gratitud

Usa un frasco o caja para guardar pequeñas notas con cosas por las que estás agradecido. A lo largo del tiempo, tendrás un recordatorio tangible de todas las cosas buenas en tu vida.

Ejemplo práctico: Cada semana, escribe en un papel algo bueno que te sucedió y colócalo en el frasco. En días difíciles, abre el frasco y lee tus notas para recordar lo positivo.

Realiza actos de gratitud hacia los demás

No siempre necesitas palabras para expresar gratitud. Realizar un acto de bondad, como ayudar a alguien con una tarea o hacer un favor inesperado, también es una forma poderosa de practicarla.

Ejemplo práctico: Si alguien necesita ayuda, como cargar bolsas pesadas o resolver un problema, ofrécete a hacerlo sin esperar nada a cambio. Esa acción no solo beneficiará a la otra persona, sino que también te llenará de satisfacción.

Una práctica que transforma

Cultivar la gratitud no es solo una herramienta para sentirte mejor; es una forma de transformar la manera en que ves el mundo. Cada una de estas prácticas, aunque sencilla, tiene el potencial de cambiar tu enfoque diario y ayudarte a encontrar satisfacción en lo que ya tienes.

La gratitud no borra los problemas, pero te da la claridad para enfrentarlos desde un lugar de fortaleza y aprecio. Cuando eliges verla como una práctica constante, descubres que lo extraordinario a menudo se encuentra en lo más ordinario. Así que comienza hoy. Encuentra un momento para reflexionar, agradecer y vivir desde esa perspectiva transformadora.

La Fórmula Mágica: Agradecer, Pensar y Recibir

He experimentado de primera mano la poderosa relación entre la gratitud y el pensamiento positivo. La gratitud es la práctica de sentir y expresar aprecio por las cosas buenas en la vida, mientras que el pensamiento positivo es el enfoque en esos aspectos positivos, en lugar de enfocarnos en pensamientos y emociones negativas. Estas dos prácticas están estrechamente vinculadas, ya que la gratitud es un componente clave del pensamiento positivo.

Cuando practicamos la gratitud, es más probable que nos enfoquemos en los aspectos positivos de nuestras vidas, en lugar de centrarnos en lo que nos falta. Este cambio de perspectiva puede llevar a una mejora en el estado de ánimo, una mayor satisfacción con la vida y una sensación general de bienestar. Por otro lado, cuando nos enfocamos en pensamientos y emociones negativas, tendemos a fijarnos en lo que carecemos, lo que lleva a sentimientos de insatisfacción e infelicidad.

Una de las cosas más poderosas que he experimentado es cómo la gratitud tiene una manera curiosa de atraer más cosas buenas a mi vida. Este fenómeno a menudo se conoce como la ley de la atracción, que establece que atraemos a nuestras vidas aquello en lo que nos enfocamos. Cuando nos enfocamos en las cosas buenas que tenemos, es más probable que atraigamos más cosas positivas a nuestras vidas. Esto puede verse como una especie de profecía autocumplida, donde nuestros pensamientos y emociones dan forma a nuestra realidad.

En mi experiencia, cuando hago un esfuerzo consciente para practicar la gratitud, comienzo a notar más y más cosas por las cuales estar agradecido. Empiezo a ver lo bueno en cada situación, incluso en las difíciles. Cuando me siento agradecido, es más probable que tenga interacciones positivas con los demás. También descubro que cuando me siento agradecido, es más probable que tenga experiencias positivas tanto en mi trabajo como en mi vida personal. No soy especial, y no soy la única persona que puede dar fe del poder de la gratitud. Tú también puedes aprovechar este magnífico poder y ver cómo tu vida mejora radicalmente.

En conclusión, la gratitud es una herramienta poderosa para mejorar el bienestar mental y físico. Al practicar la gratitud, podemos cambiar nuestro enfoque de los pensamientos y emociones negativos a las cosas buenas de la vida. Incorporar la gratitud en la vida diaria a través de la escritura, la atención plena y la expresión de aprecio puede llevar a una mejora en el estado de ánimo, una mayor satisfacción con la vida y una sensación general de bienestar. Es una herramienta simple pero efectiva que puede marcar una diferencia significativa en nuestras vidas diarias.

Resiliencia: la habilidad de nunca rendirse

No es ningún secreto que todos tenemos que enfrentarnos a la adversidad y a las desventuras en algún momento de nuestras vidas. Ya sea una ruptura, perder el trabajo o simplemente experimentar un mal día en el que todo parece salir mal, estos son tiempos difíciles para cualquiera.

Pero, ¿alguna vez te has preguntado por qué algunas personas parecen ser capaces de recuperarse de la adversidad o las dificultades más fácilmente que otras? Incluso pueden salir de situaciones desafiantes mejor de lo que entraron. ¿Qué es, entonces, lo que permite que algunas personas se hagan más fuertes como resultado de sus dificultades mientras que otras se desmoronan?

La respuesta es la **resiliencia**. La resiliencia es el proceso de adaptarse bien ante la adversidad, la tragedia, las amenazas y el cambio. Se trata de cómo pensamos y nos comportamos cuando nos enfrentamos a los altibajos de la vida.

Cuando experimentamos cualquier tipo de dificultad, a menudo surgen sentimientos o emociones muy difíciles. De alguna manera, se sienten tan abrumadores que es difícil ver más allá de ellos. Muchas veces, cuando aún estamos luchando con nuestros sentimientos, nos quedamos paralizados e incapaces de lidiar con la situación.

Como resultado, a menudo terminamos quedándonos atrapados en situaciones dolorosas que solo empeoran y nos causan más dolor o sufrimiento. Al final, esto puede tener un efecto permanente en nuestras vidas si continuamos dejando que estos sentimientos nos detengan constantemente de avanzar con nuestras metas, sueños y valores.

Sin embargo, aquellos que son resilientes se recuperan de la adversidad y aprenden a liberarse de estas situaciones dolorosas. En otras palabras, usan sus experiencias para volverse más fuertes, más capaces y mejor preparados para enfrentar futuras dificultades.

Lo más importante es que la resiliencia no se trata solo de poder recuperarse de nuestras dificultades. También se trata de avanzar hacia el éxito y la felicidad en nuestras vidas en lugar de dejar que el dolor nos mantenga atrapados en un bache o en otro.

Rasgos de carácter que contribuyen a la resiliencia

Optimismo: Quizás el factor más importante que contribuye a la resiliencia es el optimismo. La mayoría de las personas resilientes son positivas sobre sus vidas y sobre el futuro en general, esperando que las cosas eventualmente salgan bien. Cuando se enfrentan a un obstáculo, un contratiempo o cualquier tipo de adversidad en la vida, ya saben que tienen la capacidad de superarlo o resolverlo de alguna manera, por lo que no se sienten tan abrumados por la situación como otros podrían. Además, no se obsesionan demasiado con los pensamientos o sentimientos negativos, ya que saben que eso solo puede prolongar cualquier tipo de dolor o sufrimiento que sientan.

Voluntad de aprender y crecer: Una persona resiliente está dispuesta a aprender de las experiencias que la vida trae y mejorarlas si es necesario. Son capaces de reflexionar sobre estas experiencias, ver qué salió mal y descubrir cómo pueden hacer las cosas mejor en el futuro. Al mismo tiempo, no se detienen en sus errores o fracasos tanto como otros podrían; saben que todo sucede por una razón y siempre puede utilizarse como una experiencia de aprendizaje para recuperarse más fuertes y estar más preparados para el próximo desafío.

Confianza: Las personas resilientes saben lo que valen y creen en sí mismas. Saben lo que quieren en la vida y no temen a las cosas que hacen que otros se sientan inseguros o inciertos. También entienden la importancia de responsabilizarse por sus propias acciones, incluso si otros no están dispuestos a hacerlo o son demasiado críticos para ver más allá de sus propias limitaciones.

Determinación: Las personas resilientes tienen un fuerte sentido de compromiso e integridad hacia lo que valoran y en lo que creen. Tienen una visión para sus vidas, y es importante que la vean realizada sin importar lo que otras personas digan o hagan al respecto. Por eso no dan mucha importancia a lo que otros digan de ellos, especialmente si es negativo.

Intuición: Las personas resilientes son capaces de escuchar su propia voz interna o instinto sin dejarse influenciar demasiado por las expectativas y creencias de los demás. Saben lo que les parece correcto, lo que es verdad para ellos, y no permiten que las opiniones de los demás los desvíen de lo que creen o sienten.

Cómo las personas resilientes se liberan de la adversidad

Dejan ir las emociones negativas: Es muy fácil quedar atrapado en una mentalidad negativa cuando enfrentamos adversidades en nuestras vidas, ya sea ira, culpa, miedo o duda. Sin embargo, muchas personas resilientes son capaces de ver más allá de estos sentimientos y en su lugar usarlos como un catalizador para el cambio. Se dan cuenta de que solo se están causando más dolor o sufrimiento al permanecer atrapados en sus propias emociones negativas, por lo que dicen "basta" y dejan ir estos pensamientos o sentimientos negativos para seguir adelante con sus vidas.

Reformulan la situación: El hecho de que la adversidad nos golpee no significa que tengamos que dejar que controle nuestras vidas para siempre. En lugar de centrarse en la negatividad que trae, las personas resilientes ven otras formas de ver las cosas y toman medidas para probar algo nuevo o diferente si parece ser la mejor solución para ellos en cualquier situación dada. Saben que siempre hay una forma de mejorar las cosas, sin importar cuál sea el problema.

Piden apoyo: Muchas veces, cuando enfrentamos dificultades en nuestras vidas, puede ser difícil obtener el apoyo y la ayuda que necesitamos de los demás para enfrentarlas. Sin embargo, las personas más resilientes saben que no tienen que pasar por esto solas y a menudo buscan apoyo de amigos, familiares o un profesional para hablar y hacerles saber que no están solas en su lucha.

Aceptan que las cosas no siempre serán fáciles: Es fácil esperar que las cosas siempre sean fáciles o perfectas en nuestras vidas, y cuando no lo son, automáticamente nos retiramos de la situación y lo hacemos más difícil para nosotros mismos en lugar de trabajar para mejorarlo de alguna manera. Las personas resilientes reconocen que la vida nunca va a ser perfecta, por lo que no esperan que siempre sea fácil, pero trabajan para mejorar sus vidas y hacerse más fuertes cada vez que atraviesan una adversidad.

Aprenden de sus errores: La mayoría de estas personas saben que no son perfectas, lo que significa que son capaces de aprender de sus errores y no dejar que los mantengan atrapados en situaciones donde se sientan como un fracaso. Saben que lo correcto es trabajar a través de cualquier error que hayan cometido y seguir adelante de la mejor manera posible, por lo que no se detienen demasiado en sus errores, sino que los utilizan como experiencias de aprendizaje.

Toman el control de su propia felicidad: Estos individuos saben que es importante establecer límites saludables para sí mismas, para poder hacerlo sin permitir que los demás dicten cuán felices o infelices deben sentirse con sus vidas. Son capaces de recuperar el poder de su propia situación y determinar qué es lo que los hace felices, para que no sientan que tienen que depender de los demás para sentirse de esa manera.

No juegan al juego de la culpa: Cuando las cosas no salen como queremos en una situación dada, está bien sentir que jugamos un papel en lo que sucedió. Sin embargo, la mayoría de estas personas saben que no tienen que jugar al juego de la culpa y, en su lugar, aprenden de sus errores y siguen adelante lo mejor que pueden. Se dan cuenta de que no estaban haciendo nada mal, sino que estaban enfrentando un obstáculo o desafío, uno que estaba fuera de su control, pero que aún estaba dentro del alcance de lo posible para ellos y tenía sentido dada la situación.

Es una buena idea releer esta lista y preguntarte cómo puedes comenzar a construir las características de estas personas, y escribir maneras en las que planeas actuar para demostrarte a ti mismo que eres más fuerte de lo que piensas.

Cuando la Vida Golpea, Aprende a Contraatacar

Es fácil perderse en nuestros propios pensamientos y emociones negativas cuando hemos experimentado algo que ha causado algún tipo de revés o adversidad en nuestras vidas. A veces, puede parecer una tarea imposible encontrar una manera de superarlo, pero si miramos lo suficientemente de cerca, generalmente hay una salida.

Decide que eres el tipo de persona que siempre encuentra la manera de recuperarse: Tienes que creer que es posible para ti seguir adelante y encontrar una solución, incluso si parece imposible. Debes confiar en tu capacidad para encontrar una solución, sin importar los obstáculos que enfrentes.

Concéntrate en las cosas que te hacen feliz: A veces, en medio de la adversidad, podemos empezar a sentir que todo nos hace infelices y que nada sale como queremos. Sin embargo, esto no es cierto. Si pensamos en todas las cosas que nos hacen felices y nos dan alegría en nuestras vidas, podemos enfocarnos en esas cosas y no quedarnos atrapados en una sola cosa negativa cuando aparece.

Asume la responsabilidad: Es fácil culpar a los demás y pensar que están haciendo nuestras vidas más difíciles de lo que deberían ser, pero eso no siempre es una buena idea. En lugar de eso, debemos llegar a la conclusión de que tomamos una decisión y depende de nosotros, y solo de nosotros, arreglar las cosas si no están yendo como esperábamos. Antes de avanzar en cualquier situación, examina por qué las cosas están sucediendo de la manera en que lo hacen y si puedes hacer algo al respecto sin culpar a influencias externas.

Desarrolla una visión positiva de ti mismo: A veces, nos dejamos atrapar por la sensación de que las cosas son mucho más difíciles de lo que realmente son y olvidamos mirar todas las cosas que aún nos hacen sentir seguros y orgullosos. Esto puede llevar a una visión negativa de nosotros mismos y a una baja autoestima, lo que puede hacernos sentir que no somos capaces de hacer nada bien. Sin embargo, si empiezas a pensar en todas las cosas en las que eres bueno o de las que te sientes orgulloso, y te enfocas en ellas en lugar de en todas las cosas terribles que han sucedido en tu vida, puedes reemplazar esos sentimientos negativos con una perspectiva positiva.

Ponte en un entorno productivo: A veces, nuestro entorno puede afectar cómo nos sentimos y lo que hacemos, por lo que es importante ponernos en un ambiente que nos haga sentir más felices y productivos. Cuando te rodeas de personas que también están recuperándose, es menos probable que sientas que no tienes nada que ofrecer al mundo y estarás más dispuesto a enfrentar los desafíos que puedas encontrar. También ayuda rodearte de belleza y naturaleza, ya que tienen un maravilloso efecto restaurador en tu mente.

Por qué la resiliencia es importante para el bienestar y el éxito

Si eres alguien que ha experimentado adversidades en tu vida, sabes que hay una gran diferencia entre sentirse esperanzado y feliz, y sentirse desesperanzado y miserable. Puedes sentir que todo va mal, pero aún así tratar de mantener las cosas en perspectiva pensando en todas las cosas buenas que han surgido de tu situación o en las muchas lecciones que te ha obligado a aprender sobre ti mismo, tu vida y el mundo que te rodea.

En una época en la que muchas personas están luchando por encontrar su lugar en el mundo, se vuelve aún más importante ser resiliente. Podemos dejarnos llevar fácilmente por pensamientos y emociones negativas que nos impiden ver las cosas maravillosas que están sucediendo a nuestro alrededor, pero si quieres tener éxito en el mundo, esto es algo que necesitas aprender.

Puede que no siempre seamos capaces de controlar o predecir cada evento u obstáculo que enfrentamos en la vida, pero sigue siendo importante aprender cómo manejarlos y enfrentarlos como todos los demás. Tienes que tener resiliencia y optimismo para que cuando experimentes adversidad, seas capaz de tomar el control de tu propia felicidad, mantenerte positivo durante los malos momentos, mantener la calma y prosperar cuando la oportunidad de hacerlo inevitablemente se presente.

Cómo diseñar una vida llena de alegría y plenitud

Si hay un solo factor que influye en la mayoría de las decisiones de las personas sobre si perseguir una meta determinada y lo que finalmente quieren, son sus valores personales. Ya sea dinero, amor, logros personales o felicidad familiar, todos tenemos estos valores que impulsan nuestras metas y acciones. Sin embargo, a diferencia de las metas en sí mismas y de los medios necesarios para alcanzarlas, estos valores provienen de nuestro interior. Son una parte de quienes somos como individuos y pueden clasificarse en tres categorías:

- **Valores extrínsecos**
- **Valores intrínsecos**
- **Valores existenciales**

Los valores extrínsecos serían algo que logras porque la sociedad dice que debes lograrlo o, de lo contrario, tu vida no se considerará completa o satisfactoria. Esto se ve en personas que van a la escuela para obtener un título y luego un trabajo que califique para ese título. La sociedad dice que debes hacerlo, así que lo hacen. La escuela no es divertida ni interesante, pero asisten de todos modos porque quieren el trabajo y el cheque que este proporciona. También se ve en el matrimonio, donde las parejas se casan porque la sociedad dice que debes estar casado a cierta edad o, de lo contrario, tu vida está incompleta. En esencia, la sociedad ha creado estas reglas de logros y, si las personas no las siguen, toda la sociedad las rechazará por fracaso.

Un valor intrínseco es algo que encuentras gratificante sin importar lo que piensen los demás sobre tu logro o meta. Los valores personales que son intrínsecos serían metas como viajar por el mundo o ser un hombre de familia, que se pueden lograr sin recompensa o reconocimiento de la sociedad. Un valor personal puede ser algo que siempre has querido hacer y todo lo que necesitas hacer es comenzar a hacerlo. Un ejemplo de esto sería descubrir lo que realmente quieres hacer con tu vida, lo cual algunas personas eligen descuidadamente y otras no saben lo que están haciendo en la vida. El autodescubrimiento es uno de los valores personales más gratificantes, dado que si te descubres a ti mismo en tu juventud, a menudo puede llevar a una verdadera satisfacción más adelante en la vida.

Un valor existencial es simplemente la autorrealización por sí misma. Es el deseo constante de ser feliz y es la fuerza que nos mantiene alcanzando nuestras metas. Sin embargo, este valor no se limita estrictamente a los individuos. También puede aplicarse a grupos de personas o incluso a países enteros.

El papel de los valores personales en la búsqueda de la felicidad

Contrario a la opinión popular, la investigación ha demostrado que tener metas personales es más importante que cualquier otra cosa cuando se trata de encontrar la felicidad. Las metas brindan significado a la vida, dan dirección a las futuras búsquedas y abarcan aspiraciones que no desaparecen de la noche a la mañana. Si tu vida es una serie de eventos no relacionados y no tienes metas o aspiraciones a largo plazo, va a ser extremadamente fácil que caigas en un estado mental deprimido.

Desafortunadamente, sin metas y valores que te guíen como individuo y te proporcionen dirección en la vida, es casi imposible ser feliz. No me malinterpretes, tener pasatiempos e intereses que consuman grandes cantidades de tu tiempo es algo muy positivo. Sin embargo, carecen del poder duradero que brindan los valores personales.

La relación entre la felicidad y las relaciones positivas

La felicidad y las relaciones positivas están estrechamente interconectadas. Las relaciones positivas, incluidas las relaciones con amigos, familiares y parejas, pueden traer un sentido de satisfacción y alegría a nuestras vidas, lo que a su vez contribuye a la felicidad general. Por el contrario, las relaciones negativas o tensas pueden causar estrés e infelicidad.

Una de las formas en que las relaciones positivas contribuyen a la felicidad es a través del apoyo social. Tener una red de amigos y familiares en la que podamos confiar puede proporcionar una sensación de seguridad y pertenencia. Esto es especialmente importante en momentos difíciles, como cuando estamos lidiando con una crisis personal o una pérdida. La investigación ha demostrado que las personas que tienen un fuerte apoyo social tienen más probabilidades de ser felices y de experimentar una mejor salud mental.

Otra manera en que las relaciones positivas contribuyen a la felicidad es a través de las experiencias compartidas. Hacer cosas con otros, como ir de vacaciones o participar en un pasatiempo, puede crear recuerdos positivos que pueden durar toda la vida. Estas experiencias compartidas también pueden fomentar una sensación de conexión y unión, lo que puede profundizar nuestras relaciones.

En las relaciones románticas, la felicidad y la relación positiva son un camino de doble sentido. Las parejas románticas pueden proporcionar apoyo emocional, compañía y una sensación de intimidad. La investigación ha demostrado que las personas casadas o en relaciones comprometidas tienden a ser más felices que aquellas que están solteras. Sin embargo, es importante destacar que una relación feliz y positiva requiere esfuerzo y respeto mutuo. Una relación saludable es aquella en la que ambas partes se sienten escuchadas, respetadas y valoradas.

Las relaciones positivas también pueden contribuir a la felicidad al promover el crecimiento personal. Tener personas en nuestras vidas que nos desafíen, ofrezcan comentarios constructivos y nos ayuden a ver las cosas desde una perspectiva diferente puede ayudarnos a crecer y desarrollarnos como individuos. Esto puede llevar a una sensación de logro y autoestima, ambos elementos importantes para la felicidad general.

Estrategias para Aumentar las Emociones y Experiencias Positivas

Existen diversas estrategias que se pueden utilizar para aumentar las emociones y experiencias positivas en nuestras vidas. Aquí hay algunos ejemplos:

Realizar actividad física: El ejercicio regular ha demostrado mejorar el estado de ánimo y reducir los síntomas de depresión y ansiedad. La actividad física libera endorfinas, también conocidas como "químicos de la felicidad", que pueden ayudar a mejorar el bienestar general.

Pasar tiempo en la naturaleza: Pasar tiempo en la naturaleza ha demostrado tener un efecto positivo en la salud mental. La naturaleza puede ayudar a reducir el estrés, aumentar los sentimientos de calma y mejorar el bienestar general.

Conectar con los demás: Las relaciones positivas son un aspecto importante del bienestar general. Conectar con los demás nos puede hacer sentir más apoyados, cuidados y amados. También puede crear oportunidades para experiencias compartidas y crecimiento personal.

Encontrar humor: Reír y tener un buen sentido del humor puede ayudar a reducir el estrés y mejorar el bienestar general.

Ayudar a los demás: Ayudar a los demás puede hacernos sentir más conectados y realizados. También puede crear oportunidades para experiencias compartidas y crecimiento personal.

Practicar la aceptación: Aceptar las cosas que no podemos cambiar puede ayudarnos a dejar ir pensamientos, emociones y experiencias negativas.

Técnicas para Encontrar Sentido y Propósito en la Vida

Es importante señalar que estas estrategias no son una solución única para todos, y diferentes estrategias funcionarán mejor para diferentes personas. Puede ser necesario experimentar para encontrar qué estrategias funcionan mejor para ti. Además, es importante hacer de estas estrategias una práctica constante y parte de nuestra rutina diaria. Hay muchas técnicas que pueden ayudar a una persona a encontrar significado y propósito en la vida. Veamos algunas de las cosas que puedes hacer:

Reflexionar sobre los valores y creencias: Tómate el tiempo para reflexionar sobre lo que es importante para ti y en lo que crees. Esto puede ayudarte a identificar tus pasiones y lo que le da sentido a tu vida.

Participar en actividades que estén alineadas con tus valores y

creencias: Busca actividades y pasatiempos que estén alineados con tus valores y pasiones, como el voluntariado o la búsqueda de un hobby.

Construir relaciones: Formar relaciones fuertes y significativas con la familia y los amigos puede proporcionar un sentido de conexión y propósito.

Recuerda que encontrar sentido y propósito en la vida puede ser un viaje de toda la vida y puede llevar tiempo y paciencia. Es importante ser amable y compasivo contigo mismo durante todo el proceso.

La Importancia de la Autoaceptación y la Autocompasión en la Búsqueda de la Felicidad

Si hay algo que puedo decirte con certeza, es esto: Nunca podrás ser feliz si buscas la felicidad fuera de ti mismo. Todo lo que deseas en la vida, lo deseas porque crees que te hará feliz. Sin embargo, si comienzas contigo mismo, eligiendo conocerte, aceptarte tal como eres y siendo amoroso y compasivo contigo mismo, estarás bien encaminado hacia una vida de felicidad incondicional. ¿Y no es eso lo que todos queremos?

La autoaceptación y la autocompasión son dos elementos esenciales que juegan un papel crucial en la consecución de la felicidad. La autoaceptación es la capacidad de reconocer y aceptar todos los aspectos de ti mismo, incluidas tus debilidades, fortalezas y defectos. Es la práctica de entender que no eres perfecto, y eso está bien. Por otro lado, la autocompasión es la capacidad de ser amable, comprensivo y solidario contigo mismo cuando estás pasando por momentos difíciles o experimentando un fracaso. Juntas, la autoaceptación y la autocompasión proporcionan una base para una vida sana y feliz.

Cuando no te aceptas a ti mismo, estás constantemente tratando de cambiar quién eres para encajar en un molde o para complacer a los demás. Esto puede generar sentimientos de insuficiencia, baja autoestima e infelicidad. En contraste, cuando te aceptas a ti mismo, puedes concentrarte en tus fortalezas y trabajar en tus debilidades con un sentido de autocompasión. Puedes ser amable y comprensivo contigo mismo en lugar de ser duro y crítico.

La autocompasión también te ayuda a ser más amable y compasivo con los demás. Cuando puedes aceptarte y amarte a ti mismo, es menos probable que seas crítico hacia los demás. Es más probable que seas comprensivo y solidario cuando están pasando por momentos difíciles. Esto lleva a relaciones más profundas y significativas, lo cual es esencial para lograr la felicidad.

La autoaceptación y la autocompasión también juegan un papel crucial en la capacidad de enfrentar el estrés y los desafíos. Cuando puedes aceptarte a ti mismo, es menos probable que te sientas abrumado por pensamientos y emociones negativas. Puedes ver los desafíos como oportunidades de crecimiento, en lugar de obstáculos. De manera similar, cuando puedes ser compasivo contigo mismo, es menos probable que te castigues cuando las cosas no salen según lo planeado. Puedes ver los fracasos como oportunidades de aprendizaje y seguir adelante con un sentido de comprensión y amabilidad hacia ti mismo.

En conclusión, la autoaceptación y la autocompasión son elementos esenciales para lograr la felicidad. Proporcionan una base para una vida sana y feliz al permitirte aceptarte a ti mismo por quien eres, ser amable y compasivo contigo mismo y construir relaciones más profundas y significativas con los demás. Recuerda que la autoaceptación y la autocompasión son habilidades que se pueden desarrollar y fortalecer con el tiempo. Es importante tener paciencia contigo mismo y practicar la autocompasión y la autoaceptación diariamente.

De los sueños a los logros: el camino a tus metas

La procrastinación es una de esas pequeñas contradicciones humanas que todos conocemos demasiado bien. Sabemos que debemos hacer algo, sabemos que no hacerlo solo nos traerá estrés y complicaciones, y aun así... elegimos cualquier otra cosa. Ver una serie, reorganizar el escritorio por tercera vez en la semana, incluso hacer tareas que de otro modo evitaríamos, como limpiar la casa. Todo menos lo que realmente importa.

¿Por qué hacemos esto? ¿Qué es lo que nos empuja a posponer lo inevitable? Para responder a estas preguntas, debemos entender primero qué es realmente la procrastinación. No es simplemente pereza ni falta de disciplina. La procrastinación es, en esencia, una lucha interna. Es el choque entre el deseo de evitar el malestar inmediato —ya sea aburrimiento, inseguridad o incluso miedo— y la necesidad de cumplir con responsabilidades importantes.

Una mirada más cercana a la procrastinación

Cuando hablamos de procrastinación, nos referimos a retrasar intencionadamente tareas que sabemos que son importantes. Pero este retraso no ocurre sin motivo. Es un síntoma, una manifestación de causas subyacentes más profundas que pueden variar de persona a persona. Así que, antes de castigarte mentalmente por no ser "lo suficientemente productivo," reflexiona sobre lo que realmente está sucediendo.

El perfeccionismo como obstáculo

¿Alguna vez has sentido que no puedes empezar algo porque necesitas hacerlo perfectamente? Este pensamiento puede parecer lógico: "Quiero que salga bien, así que mejor lo hago cuando tenga tiempo para dedicarle toda mi atención." Pero detrás de esa lógica se esconde el perfeccionismo, una trampa silenciosa.

El perfeccionismo no solo establece estándares imposibles, sino que también alimenta el miedo al fracaso. ¿Qué pasa si lo intento y no lo logro? ¿Qué pasa si no está a la altura de mis expectativas o las de los demás? Este miedo paralizante lleva a evitar la tarea por completo, porque, en cierto modo, postergar parece menos doloroso que enfrentar un posible fracaso.

Si esperas a que las condiciones sean perfectas para empezar, nunca empezarás. Recuerda que "hecho" es mejor que "perfecto." Comenzar, incluso de manera imperfecta, es el primer paso para progresar.

La falta de motivación: Un vacío emocional

La motivación es el motor de nuestras acciones. Sin ella, cualquier tarea puede sentirse como escalar una montaña con las manos atadas. Cuando no estamos conectados emocionalmente con una tarea, nuestra mente buscará cualquier excusa para evitarla. En lugar de escribir ese informe, ¿por qué no revisar Instagram? Parece más placentero en el momento, aunque sabemos que luego vendrá la culpa.

Pero la motivación no siempre surge de la nada. A menudo, necesitamos crearla. Esto puede implicar replantear la tarea de manera que tenga más significado personal o dividirla en pasos pequeños para que parezca menos abrumadora.

Pregúntate: *"¿Por qué esta tarea es importante para mí? ¿Qué impacto tendrá completarla en mis metas más grandes?"* Alinear tus tareas con tus valores puede transformar una obligación tediosa en un paso hacia algo significativo.

La gestión del tiempo: Más allá del reloj

Procrastinar a menudo tiene menos que ver con el tiempo que con cómo lo organizamos. Si no tienes un plan claro, es fácil perderte en la distracción y las tareas superficiales. Sin una lista de prioridades, lo urgente reemplaza a lo importante, y las horas parecen evaporarse sin que logremos lo que realmente cuenta.

No se trata de hacer más cosas, sino de hacer las correctas. Aprender a priorizar, asignar bloques de tiempo específicos para cada tarea y eliminar distracciones son habilidades esenciales para combatir la procrastinación.

El tiempo no es algo que gestionas; es algo que usas. Decide conscientemente cómo quieres invertir tu tiempo, en lugar de permitir que las circunstancias lo decidan por ti.

El ciclo emocional de la procrastinación

La procrastinación no solo afecta nuestras tareas; también tiene un costo emocional. Imagina este ciclo: evitas una tarea importante y sientes alivio temporal, pero luego llega la culpa y la ansiedad por no haberla hecho. Ese malestar emocional hace que sea aún más difícil enfrentarte a la tarea, lo que perpetúa el ciclo. Es un espiral descendente que nos drena tanto emocional como mentalmente.

Cuando te encuentres atrapado en este ciclo, haz una pausa. Reconoce lo que estás sintiendo sin juzgarte. A menudo, lo que necesitamos no es más presión, sino más compasión hacia nosotros mismos. Perdonarte por procrastinar no significa justificarlo; significa liberarte de la culpa para que puedas actuar desde un lugar de claridad, no de estrés.

Una oportunidad para reflexionar y actuar

La procrastinación, aunque frustrante, es también una oportunidad para conocerte mejor. No se trata solo de superar un mal hábito; se trata de entenderte a un nivel más profundo. Cada vez que procrastinas, tu mente está enviándote un mensaje. Tal vez te está diciendo que tienes miedo de no ser suficiente, que no estás conectado con tus metas o que necesitas un mejor sistema para organizarte. Escucha esos mensajes.

Cuando te enfrentes a una tarea que prefieras evitar, pregúntate:

- *¿Qué estoy evitando realmente?*
- *¿Qué me está diciendo este momento de procrastinación sobre mis prioridades, mis emociones o mis miedos?*

Responder estas preguntas no solo te ayudará a superar la procrastinación, sino que también te permitirá avanzar con más intención y propósito.

Concluyendo: La procrastinación como puerta al cambio

La procrastinación no es un enemigo que vencer; es un maestro que nos obliga a reflexionar sobre cómo vivimos, trabajamos y nos conectamos con nosotros mismos. La próxima vez que sientas el impulso de posponer algo importante, recuerda que cada pequeño paso cuenta. No necesitas resolver todo de una vez. Solo necesitas empezar.

En última instancia, superar la procrastinación no es solo cuestión de hacer más cosas; es cuestión de vivir con mayor claridad y autenticidad. Porque cada vez que eliges actuar a pesar de las dudas, estás construyendo no solo tu productividad, sino también tu confianza en ti mismo y tu capacidad para enfrentar cualquier desafío.

El Efecto Dominó: Más que una simple tarea pendiente

El efecto dominó de la procrastinación, como el que describes, no solo impacta nuestras tareas y objetivos, sino que también se infiltra en nuestras emociones, relaciones y salud general. Cada acción (o inacción) tiene un costo acumulativo, y ese estrés prolongado comienza a convertirse en una carga que afecta más áreas de nuestra vida de las que inicialmente imaginamos. Vamos a desglosar este impacto y cómo podemos enfrentarlo de manera efectiva.

Cuando posponemos tareas importantes, estamos sembrando semillas de estrés que germinan rápidamente en otros aspectos de nuestra vida. Ese correo que no contestaste, el proyecto que dejaste para después o la llamada que sigues evitando son como pequeñas piedras que, al caer, desencadenan una reacción en cadena.

Estrés y ansiedad: La base de la cascada

Cada tarea pospuesta se convierte en una especie de "fantasma mental" que ocupa espacio en tu mente. Esto genera un ruido constante que, aunque quizás no notes de inmediato, afecta tu capacidad de relajarte o enfocarte en otras cosas. La ansiedad por las tareas pendientes crea un estado de alerta constante, lo que, irónicamente, hace que sea aún más difícil enfrentarlas.

Menor productividad y calidad del trabajo

Cuando finalmente abordas la tarea, probablemente estés apresurado, agotado o simplemente sin el tiempo suficiente para hacerlo bien. Este apuro inevitablemente lleva a errores, a trabajos incompletos o a resultados que no cumplen con tus estándares. Y aquí se cierra un círculo vicioso: el trabajo apresurado alimenta la percepción de fracaso, lo que refuerza el hábito de procrastinar la próxima vez.

Impacto en la salud mental y física

A medida que el estrés se acumula, también lo hacen sus consecuencias en el cuerpo. Dolores de cabeza, insomnio, fatiga crónica e incluso problemas digestivos son algunos de los efectos físicos que acompañan a la procrastinación crónica. En el ámbito mental, esta dinámica puede erosionar tu autoestima y hacerte sentir que no tienes el control sobre tu vida.

Rompiendo el Ciclo: Estrategias que Funcionan

La buena noticia es que no estás atrapado en este ciclo. Existen estrategias prácticas y científicas para combatir la procrastinación, reducir el estrés y recuperar el control de tus días.

Construye rutinas que trabajen a tu favor

Las rutinas no solo estructuran tu día, sino que también eliminan el esfuerzo de decidir qué hacer a cada momento. Si dedicas un tiempo específico a ciertas tareas diariamente, estas se convierten en un hábito automático, reduciendo la tentación de posponerlas.

Ejemplo práctico: Dedica los primeros 15 minutos de cada mañana a planificar tu día, y los siguientes 30 a abordar la tarea más importante. Este pequeño ritual establece el tono para el resto del día.

Establece plazos realistas y recordatorios creativos

Los plazos pueden ser herramientas poderosas si se usan correctamente. Divide las tareas grandes en partes pequeñas y asigna plazos para cada una. Esto reduce la sensación de estar abrumado y te ayuda a mantenerte enfocado.

Truco extra: Usa recordatorios que te motiven, como notas adhesivas con frases humorísticas o alarmas con música que te inspire. Hacer que tus plazos sean divertidos puede aliviar la presión.

Celebra cada paso que des

La motivación no siempre viene antes de la acción; a menudo, surge después de haber comenzado. Cada pequeño progreso merece ser reconocido, porque cada paso te acerca más a tu meta.

Ejemplo práctico: Si completas una tarea difícil, permítete un pequeño premio, como un descanso, una merienda favorita o incluso un episodio de tu serie preferida.

Mantén tus metas visibles y accesibles

Es fácil perder de vista por qué hacemos lo que hacemos. Tener tus metas claras y a la vista te ayuda a recordarte por qué es importante seguir avanzando.

Idea: Escribe tus metas en tarjetas y colócalas donde las veas todos los días. Puedes hacerlo visualmente atractivo, añadiendo colores o ilustraciones que te inspiren.

Rodéate de positividad y apoyo

La procrastinación puede alimentarse de entornos negativos. Asegúrate de estar rodeado de personas que te motiven y te apoyen en lugar de desalentarte.

Ejemplo: Forma un grupo de responsabilidad con amigos o colegas. Compartir tus metas y recibir apoyo puede ser un gran motivador para mantenerte en el camino.

Conclusión: La Procrastinación como un Desafío Transformador

La procrastinación no es solo un obstáculo; es un espejo que refleja nuestras inseguridades, prioridades y hábitos. Al enfrentarte a ella, no solo mejoras tu productividad, sino que también creces como persona. Romper el ciclo del efecto dominó no sucede de la noche a la mañana, pero cada paso que tomes, por pequeño que sea, te acerca a una vida más equilibrada y satisfactoria.

Recuerda: no se trata de eliminar la procrastinación por completo, sino de aprender a navegarla con compasión y estrategia. Porque al final, cada acción que tomas, cada tarea que completas, es una declaración de que estás eligiendo vivir con intención y propósito. Y eso, más que cualquier meta cumplida, es el verdadero triunfo.

Actúa con propósito: el plan que cambia todo

He sido testigo del crecimiento de muchas personas que trabajan hacia el éxito. Una de las cosas más importantes que he aprendido es que crear un plan de acción positivo y mantenerse motivado son factores clave para alcanzar el éxito. En este capítulo, discutiré la importancia de establecer metas claras y crear un plan de acción, con técnicas para mantenerse motivado y enfocado y en el camino hacia el éxito.

La Importancia de Establecer Metas Claras

Establecer metas puede ser una herramienta increíblemente poderosa para superar emociones negativas y cambiar tu mentalidad. Cuando estableces una meta, enfocas tu energía y atención en algo positivo y alcanzable, lo cual puede ayudarte a sentirte más motivado, confiado y esperanzado.

Un estudio de la *American Psychological Association* analizó durante cinco años la relación entre el establecimiento de metas y el bienestar emocional de más de 5,000 participantes. Los investigadores descubrieron algo sorprendente: las personas que definían metas claras y las cumplían mostraban un 30% menos de probabilidad de experimentar síntomas de ansiedad y depresión. Además, reportaron sentirse más satisfechas con sus vidas, incluso frente a desafíos importantes. Según el estudio, la clave no está solo en alcanzar la meta, sino en el proceso: el simple hecho de trabajar hacia algo significativo tiene un impacto positivo en nuestro cerebro, aumentando la producción de dopamina, el químico de la motivación.

Déjame contarte cómo aprendí esto de primera mano, y no, no fue porque leí el estudio en un café hipster mientras tomaba un matcha latte. Fue porque me vi atrapado en mi propia lucha emocional en los años universitarios.

Era mi tercer año de universidad y me encontraba en lo que algunos llaman "el hoyo". Pero no un hoyo físico, claro está (aunque mi cuarto en ese entonces podría haberlo parecido). Había perdido la iniciativa por completo. Clases que antes encontraba interesantes ahora eran insoportables, y tareas que solía hacer con entusiasmo ahora se acumulaban como una montaña de pendientes que ni siquiera intentaba escalar. Mi plan diario consistía en dormir hasta tarde, comer cualquier cosa que no requiriera usar la estufa, y perderme en horas de redes sociales, como si mirar memes de gatos fuera un remedio contra la ansiedad.

Todo cambió un día en que, por casualidad, encontré un artículo sobre el famoso estudio de la *American Psychological Association*. Decía algo que resonó profundamente conmigo: *"No necesitas estar motivado para empezar; empezar crea la motivación."* Fue como si esas palabras me golpearan en la cara con un cartel luminoso: no necesitaba esperar a sentirme inspirado para actuar, simplemente tenía que actuar.

Decidí hacer un experimento conmigo mismo. Comencé con algo pequeño, como recomendaban los expertos del estudio. Mi primera meta fue tan ridícula que no podía fallar: *"Levántate a las 9:00 AM y haz tu cama."* (Lo sé, aspiracional, ¿verdad?) Pero funcionó. Ese primer paso me dio una diminuta sensación de control, algo que no había sentido en meses.

Entonces, añadí otra meta: escribir solo 50 palabras para mi proyecto final. Lo gracioso es que cuando llegaba a las 50 palabras, mi cerebro decía: *"Bueno, ya que estás aquí, podrías escribir otras 50."* Así es como el proceso del estudio comenzó a tener sentido para mí: cada pequeño logro me daba un empujoncito químico, una mini recompensa interna, como si mi cerebro me dijera: *"¡Bien hecho! ¿Qué sigue?"*

En unas semanas, mis metas evolucionaron. Ya no solo escribía 50 palabras; escribía páginas completas. También regresé a las clases con un nuevo enfoque. Me prometí asistir sin mirar el reloj ni una sola vez, aunque al principio esto parecía un castigo medieval. Finalmente, decidí celebrar cada avance, por más pequeño que fuera. Terminé comprándome una taza que decía: *"Sobreviví a la tesis y solo perdí la cordura tres veces."*

Lo curioso es que al final no solo terminé mi carrera, sino que descubrí que el verdadero cambio no ocurrió al alcanzar la meta, sino en el camino hacia ella. Cada paso me ayudó a sentirme más fuerte, más enfocado y menos atrapado en mis pensamientos negativos.

Metas Claras, Mente en Paz: Cómo Crear tu Plan de Acción

Al establecer metas, es esencial asegurarse de que sean SMART, lo que significa Específicas (*Specific*), Medibles (*Measurable*), Alcanzables (*Achievable*), Relevantes (*Relevant*) y con un Tiempo definido (*Timebound*). Estas características aseguran que tus metas sean claras y realizables, lo que puede ayudarte a mantenerte enfocado y motivado en tu camino hacia el éxito.

Empezando con **"Específicas",** tus metas deben estar bien definidas y ser claras. Esto significa que debes ser capaz de responder a las preguntas de quién, qué, dónde, cuándo y por qué en relación con tu meta. Por ejemplo, en lugar de establecer la meta de "bajar de peso", una meta específica sería "perder 5 kilos en los próximos 3 meses siguiendo un plan de dieta saludable y de ejercicio".

Las metas **"Medibles"** son aquellas que pueden cuantificarse, lo que significa que puedes seguir tu progreso y ver si estás en camino de alcanzar tu objetivo. En el ejemplo anterior, "perder 5 kilos" es una meta medible porque se puede cuantificar.

Las metas **"Alcanzables"** son aquellas que son realistas y factibles dentro del marco de tiempo establecido. Es esencial fijar metas que sean desafiantes pero no imposibles. En el ejemplo anterior, "perder 5 kilos en los próximos 3 meses" es una meta alcanzable porque es realista y se puede lograr en el tiempo dado.

Las metas **"Relevantes"** son aquellas que están alineadas con tus valores y tu propósito general. Deben ser importantes para ti y relevantes para tu situación actual. En el ejemplo anterior, la meta de "perder 5 kilos en los próximos 3 meses siguiendo un plan de dieta saludable y de ejercicio" es relevante para el bienestar general individual.

Por último, las metas con **"Tiempo definido"** tienen un plazo específico. Esto puede ayudar a crear un sentido de urgencia y motivarte a tomar acción. En el ejemplo anterior, "perder 5 kilos en los próximos 3 meses" es una meta con tiempo definido porque tiene un plazo específico.

Una vez que has establecido tus metas SMART, el siguiente paso es crear un plan de acción. Este plan debe detallar los pasos que necesitas seguir para alcanzar tus metas, así como los recursos o apoyos que puedas necesitar. Por ejemplo, en la meta de "perder 5 kilos en los próximos 3 meses", el plan de acción podría incluir la creación de un plan de comidas, programar sesiones de ejercicio regular y hacer un seguimiento del progreso mediante pesajes semanales.

Crear un plan de acción no solo ayuda a hacer que tus metas sean más tangibles, sino que también te ayuda a mantenerte enfocado y motivado. Al tener un plan claro y específico en marcha, puedes ver el progreso que estás haciendo y sentir una sensación de logro cada vez que completes un paso. Además, tener un plan te ayuda a mantenerte en el camino correcto y a evitar distracciones.

También es importante recordar que las metas deben ser flexibles y abiertas al cambio. A veces, el plan que inicialmente estableciste puede no funcionar como esperabas, y es importante poder adaptarte y hacer ajustes. Por ejemplo, si descubres que no estás perdiendo peso tan rápido como esperabas, podrías necesitar reevaluar tu plan y hacer ajustes, como aumentar la frecuencia o intensidad de tus sesiones de ejercicio.

Otro aspecto importante para mantenerse motivado y en el camino correcto es ser consciente de uno mismo y reflexivo. Es importante hacer un chequeo regular contigo mismo para evaluar tu progreso, reconocer tus éxitos y reflexionar sobre lo que podría estar reteniéndote o sobre lo que podrías hacer de manera diferente. Esta autorreflexión regular puede proporcionar valiosas ideas y ayudarte a hacer ajustes cuando sea necesario.

Por último, es importante recordar cuidar de ti mismo, tanto física como mentalmente. Esto incluye dormir lo suficiente, hacer ejercicio y alimentarse bien, así como tomar tiempo para actividades que te brinden alegría y relajación. Un enfoque integral del autocuidado puede ayudarte a mantenerte con energía y motivado en tu camino hacia el éxito. Esto significa dedicar tiempo para hacer ejercicio, comer alimentos nutritivos, dormir lo suficiente y participar en actividades que te brinden alegría y relajación. También significa cuidar tu salud mental practicando el autocuidado, buscando apoyo cuando sea necesario y participando en actividades que reduzcan el estrés y la ansiedad.

Otro factor importante para mantenerse motivado y en el camino correcto es contar con un sistema de apoyo. Esto puede incluir amigos, familiares o un terapeuta. Tener personas en tu vida que sean solidarias y alentadoras puede ayudarte a mantenerte motivado cuando las cosas se pongan difíciles. También pueden ofrecer una perspectiva valiosa y consejos cuando te sientas estancado o inseguro sobre cómo avanzar.

En conclusión, establecer metas SMART, crear un plan de acción, ser consciente de uno mismo y reflexivo, ser adaptable, practicar el autocuidado y construir un sistema de apoyo son todos factores importantes para lograr el éxito. Recuerda que el camino al éxito puede tener sus desafíos, pero con las herramientas y la mentalidad adecuadas, puedes lograr tus metas y alcanzar tu máximo potencial. Es importante ser específico, medible, alcanzable, relevante y con un tiempo definido, estar abierto al cambio, ser consciente de uno mismo y reflexivo, cuidar de ti mismo y rodearte de personas positivas y solidarias. Establecer metas claras y accionables y crear un plan para lograrlas puede ayudarte a mantenerte enfocado, motivado y en el camino hacia el éxito.

Técnicas para Mantenerse Motivado

Establece nuevas metas constantemente: Debes estar motivado por la meta que realmente deseas alcanzar. Si tienes una lista de objetivos que estás verificando continuamente, te resultará más fácil mantenerte motivado y concentrado en lo que es importante. Es genial tener siempre algo que esperar alcanzar, ya que eso te ayuda a levantarte por la mañana y hacer que las cosas sucedan.

Evita distracciones: Internet está lleno de promesas de distraerte del trabajo sin hacer nada productivo. Para mantener el enfoque, es mejor que te limites a pasar demasiado tiempo en redes sociales como Facebook e Instagram, ya que tienden a causar distracciones en lugar de darte un escape. Puedes usar aplicaciones que te ayuden a bloquear el acceso a esas otras aplicaciones distractoras para que puedas hacer más cada día.

Identifica tus mayores obstáculos: Una vez que comprendas qué es lo que te impide lograr las cosas que deseas, hacer los cambios necesarios puede ser fácil. Debes hacer todo lo posible para evitar esas cosas que te han detenido en el pasado. Deshacerte de tus excusas y ser más productivo será mucho más fácil una vez que identifiques por qué no estás logrando las cosas.

Acepta que los contratiempos ocurrirán y haz planes para seguir adelante de todas formas: Los fracasos son comunes y debes aprender a dejarlos ir. Acepta que solo es cuestión de tiempo antes de que logres lo que deseas, pero debes ser paciente contigo mismo. Si ocurre un contratiempo, haz tu mejor esfuerzo para evaluar por qué sucedió y crea un plan para evitar que vuelva a ocurrir en el futuro.

Establece prioridades: Siempre habrá más de una cosa en tu lista de tareas a la vez, pero establecer prioridades te puede ayudar a determinar qué tareas ayudarán a avanzar más rápido. Es importante establecer cuáles son tus metas y mantenerte enfocado en ellas en todo momento para que nada se pierda entre todo lo que tienes que hacer.

En conclusión, mantenerse motivado puede ser un desafío significativo, pero hay varias técnicas que pueden ayudar. Estas incluyen dividir tus metas en tareas más pequeñas y manejables, establecer hitos, rodearte de personas positivas y solidarias, recompensarte por tu progreso, visualizar tu meta, tener una actitud positiva hacia los contratiempos y fracasos, y establecer recordatorios para ti mismo. Implementando estas técnicas, puedes aumentar tus probabilidades de mantenerte motivado y en camino hacia alcanzar tus objetivos.

Éxito desde el Interior: Piensa, Reflexiona, Triunfa

La autoconciencia y la autorreflexión son herramientas esenciales para lograr el éxito porque te permiten comprenderte mejor a ti mismo y tomar mejores decisiones. Cuando tienes una comprensión clara de tus fortalezas, debilidades y valores, puedes establecer metas que estén alineadas con quién eres y lo que realmente deseas. Esto puede ayudar a aumentar tu motivación y compromiso para alcanzar tus metas.

Además, la autorreflexión puede ayudarte a identificar patrones o comportamientos que te puedan estar frenando. Por ejemplo, si descubres que siempre estás procrastinando, puedes reflexionar sobre las causas subyacentes de este comportamiento y hacer los ajustes necesarios. Esto podría implicar establecer un horario más estructurado, establecer metas más pequeñas y manejables, o buscar apoyo de un terapeuta o entrenador. Al identificar y abordar estos patrones o comportamientos, puedes superar obstáculos y avanzar hacia el logro de tus metas.

Otro aspecto en el que la autorreflexión puede ser útil es ayudándote a comprender lo que es importante para ti. Reflexionar sobre tus valores y lo que realmente te importa puede ayudarte a establecer metas más significativas y satisfactorias. Cuando puedes alinear tus metas con tus valores, es más probable que te sientas motivado y comprometido a alcanzarlas.

La autorreflexión también puede ayudarte a identificar y trabajar en las creencias limitantes que puedas tener. Estas creencias limitantes pueden frenarte de alcanzar tus metas, por lo que al identificarlas y abordarlas, puedes superarlas y avanzar.

Finalmente, la autorreflexión también puede ayudarte a identificar y celebrar tus éxitos. Reflexionar sobre tu progreso y los logros que has conseguido puede aumentar tu motivación y confianza en tu capacidad para alcanzar tus metas.

Consejos para Mantener el Enfoque y Seguir en el Camino Hacia el Éxito

Mantener el enfoque y seguir en el camino hacia el éxito puede ser un desafío. Una estrategia efectiva es establecer recordatorios regulares, ya sea a través de notificaciones en el calendario o afirmaciones diarias. Además, dividir tus metas en tareas manejables puede ayudarte a mantener el enfoque y avanzar hacia tus metas. Finalmente, mantenerte responsable ante ti mismo y ante los demás puede ayudarte a mantenerte en el camino y motivado.

Como terapeuta, he visto de primera mano la importancia de crear un plan de acción positivo y mantenerse motivado para lograr el éxito. Espero que al compartir estas estrategias y consejos, haya podido proporcionar ideas valiosas para mis lectores en su propio camino hacia el éxito. Recuerda, establecer metas claras y crear un plan de acción, mantener la motivación, la autoconciencia y la autorreflexión, superar contratiempos y mantener el enfoque son las claves para el éxito.

También he visto el valor de apartar tiempo para la autorreflexión y chequeos regulares contigo mismo. Esto no solo te ayuda a mantenerte consciente de tu progreso y de cualquier ajuste que pueda ser necesario, sino que también te permite celebrar tus éxitos y reconocer tu arduo trabajo.

Otro aspecto importante para mantenerse motivado y en el camino correcto es ser flexible y estar abierto al cambio. A veces, el plan que inicialmente estableciste puede no funcionar como esperabas, y es importante poder adaptarte y hacer ajustes para lograr tus metas.

Además, es importante recordar cuidar de ti mismo, tanto física como mentalmente. Esto incluye dormir lo suficiente, hacer ejercicio y alimentarte bien, así como tomar tiempo para actividades que te brinden alegría y relajación. Un enfoque integral del autocuidado puede ayudarte a mantenerte con energía y motivado en tu viaje hacia el éxito.

En conclusión, crear un plan de acción positivo y mantenerse motivado son factores clave para lograr el éxito. Establecer metas claras, mantener el enfoque, la autoconciencia y la autorreflexión, la adaptabilidad y el autocuidado son aspectos importantes de este viaje. Recuerda tomar tiempo para celebrar tus éxitos y reflexionar sobre tu progreso, y no tengas miedo de buscar apoyo de amigos, familiares o un terapeuta cuando lo necesites. El camino hacia el éxito puede tener sus desafíos, pero con las herramientas y la mentalidad adecuadas, puedes lograr tus metas y alcanzar tu máximo potencial.

Deja el pasado, olvida el futuro: vive hoy

Vivir en el presente es una de las claves más simples y profundas para llevar una vida plena, feliz y consciente. Nos permite conectar con el mundo de una manera más auténtica, apreciar los detalles que a menudo pasan desapercibidos y crear relaciones más significativas. Sin embargo, a pesar de su importancia, muchos de nosotros nos encontramos atrapados en un hábito que parece imposible de romper: revivir el pasado o preocuparnos constantemente por el futuro. Este hábito, aunque común, tiene un costo elevado. Nos aleja del momento presente, nos desconecta de lo que realmente importa y, en última instancia, afecta nuestro bienestar emocional, físico y relacional.

¿Por qué es tan difícil vivir en el presente? Una de las razones es que nuestra mente está programada para divagar. Cuando revivimos el pasado, estamos intentando encontrar respuestas a lo que ya no podemos cambiar. Nos enfocamos en arrepentimientos, errores o momentos dolorosos, pensando que al analizarlos una y otra vez, de alguna manera podremos arreglarlos. Por otro lado, preocuparnos por el futuro nos hace imaginar escenarios hipotéticos, la mayoría de ellos negativos, con la esperanza de prepararnos para lo peor. Pero en este proceso de rumiar lo que fue o anticipar lo que será, perdemos lo único que realmente tenemos: el ahora.

El presente es el lugar donde ocurre la vida, pero a menudo lo pasamos por alto. Imagina, por ejemplo, que estás en un parque un día soleado. Los árboles están llenos de hojas que se mueven con el viento, el sol brilla sobre tu piel, los pájaros cantan, y a lo lejos se escucha la risa de un niño. Todo este escenario es una experiencia rica y vibrante, pero tu mente, distraída, está preocupada por el trabajo pendiente o un error cometido en el pasado. La belleza del momento se diluye porque no estás ahí para notarla.

Vivir en el presente nos permite experimentar la vida en su forma más pura. Cuando estamos completamente inmersos en el momento, incluso las cosas más simples cobran un nuevo significado. El sabor de una comida, el aroma del café recién hecho, el sonido del agua corriendo en una fuente o la calidez de una conversación sincera. Estos pequeños momentos, que a menudo pasamos por alto, son las piezas que construyen una vida plena. Es en el presente donde encontramos alegría genuina, satisfacción y una conexión más profunda con quienes nos rodean.

No solo eso, sino que vivir en el presente también tiene un impacto directo en nuestra salud mental y física. Cuando estamos atrapados en el pasado, nos envolvemos en un ciclo de emociones negativas, como la culpa, el resentimiento o el arrepentimiento. Esto puede dar lugar a estados de ánimo depresivos y una sensación de estar atascados en un tiempo que ya no existe. Por otro lado, preocuparnos constantemente por el futuro genera ansiedad, estrés y una sensación de falta de control. Nuestro cuerpo responde a estas emociones con tensiones musculares, problemas digestivos y dificultades para dormir. Sin embargo, cuando nos enfocamos en el momento presente, nuestra mente se calma, nuestro cuerpo se relaja y nuestro nivel de estrés disminuye significativamente.

Además, vivir en el presente nos permite ser más productivos y efectivos. Cuando nos obsesionamos con el pasado o el futuro, nuestra energía mental se dispersa, lo que dificulta nuestra capacidad para concentrarnos y actuar. La procrastinación, el autosabotaje y la sensación de estar abrumados a menudo son el resultado de este patrón. Pero al centrar nuestra atención en lo que está ocurriendo ahora, podemos abordar nuestras tareas con claridad y enfoque. Esto nos permite avanzar hacia nuestras metas de manera más eficiente y con una mayor sensación de logro.

Vivir en el presente también fortalece nuestras relaciones. Cuando nuestra mente está en otro lugar, es difícil estar verdaderamente presentes para quienes nos rodean. Durante una conversación, por ejemplo, podemos estar físicamente allí, pero nuestra atención está en nuestros propios pensamientos, preocupaciones o distracciones. Esto crea una barrera invisible que impide una conexión real. Sin embargo, cuando estamos presentes, nuestra atención plena se convierte en un regalo. Escuchamos sin juzgar, respondemos con empatía y participamos activamente en las interacciones. Esta presencia auténtica crea un espacio de entendimiento y confianza que profundiza nuestras relaciones.

La cuestión entonces no es si podemos vivir en el presente, sino cómo podemos aprender a hacerlo de manera más consistente. La mente divagará, porque esa es su naturaleza, pero con práctica podemos entrenarla para regresar al aquí y ahora. No se trata de ignorar el pasado o descartar el futuro; ambos tienen su valor. El pasado nos enseña lecciones importantes, y el futuro nos da dirección y propósito. Pero solo en el presente podemos actuar, sentir y vivir plenamente.

Los Efectos Negativos de Revivir el Pasado o Preocuparse por el Futuro

Cuando nos enfocamos en el pasado, a menudo experimentamos sentimientos de arrepentimiento, culpa y resentimiento. Este ciclo de rumiar los errores o pérdidas pasadas se conoce como *rumiación*, un proceso mental que, según estudios en neurociencia, activa la corteza prefrontal ventromedial, una región del cerebro asociada con la autocrítica y el análisis de experiencias negativas. Esto puede llevar a estados emocionales prolongados de tristeza o incluso a desarrollar síntomas depresivos.

Por otro lado, preocuparse excesivamente por el futuro activa la amígdala, el centro de respuesta al miedo en nuestro cerebro. Esta activación constante genera una liberación sostenida de cortisol, la hormona del estrés, que puede provocar dolores de cabeza, tensión muscular, problemas digestivos y dificultad para dormir. En el ámbito emocional, este tipo de pensamiento genera ansiedad, una sensación de falta de control y, en muchos casos, una parálisis que impide tomar decisiones efectivas.

Más allá del impacto fisiológico, estos hábitos de pensamiento nos roban algo fundamental: la capacidad de disfrutar del presente. Cuando estamos atrapados en nuestras mentes, perdemos oportunidades de experimentar la alegría y la conexión que solo pueden surgir en el "ahora". Por ejemplo, estudios realizados por el psicólogo Matt Killingsworth han demostrado que las personas que se concentran en el presente reportan niveles significativamente más altos de felicidad, independientemente de la actividad que estén realizando.

Estrategias para Soltar el Arrepentimiento y los Pensamientos Negativos sobre el Pasado

Nuestra mente, incansable viajera del tiempo, tiene la capacidad de revivir los momentos más dolorosos y proyectar miedos hacia un futuro incierto. Este vaivén mental no solo consume nuestra energía, sino que también crea una desconexión con el presente, donde la vida realmente sucede. Para liberarte de las cadenas del pasado y la ansiedad del futuro, necesitas más que simples consejos; necesitas herramientas prácticas que te ayuden a recuperar el control de tu enfoque. A continuación, te comparto algunas estrategias poco convencionales que pueden transformar tu relación con el tiempo.

El Ritual del "Espacio Seguro"

El primer paso para soltar el pasado es construir un espacio mental donde puedas observar tus recuerdos sin que te dominen. Imagina que cada uno de tus pensamientos dolorosos es un objeto tangible. Ahora, visualiza un cofre robusto en una habitación segura dentro de tu mente. Cada vez que un pensamiento del pasado te asalte, colócalo en ese cofre y cierra la tapa. Luego, sal de la habitación y cierra la puerta.

Este ritual no es una forma de reprimir, sino de establecer límites internos. Le dice a tu mente: *Estoy reconociendo este pensamiento, pero no necesito cargarlo conmigo en este momento.* Repite este ejercicio hasta que sientas que los pensamientos tienen menos peso.

La "Ancla del Presente" con Elementos Sensoriales

Para escapar del círculo vicioso de las preocupaciones futuras, utiliza tus sentidos como anclas para regresar al momento presente. Lleva contigo un pequeño objeto que puedas tocar, como una piedra lisa o un amuleto. Cada vez que notes que tu mente divaga hacia el futuro, toma ese objeto y concéntrate en su textura, temperatura y peso.

El simple acto de enfocar tu atención en las sensaciones físicas interrumpe el flujo de pensamientos ansiosos y te trae de vuelta al aquí y ahora. Con el tiempo, este objeto se convierte en un símbolo de tranquilidad y presencia.

Ejemplo práctico:

Durante una reunión importante, si notas que comienzas a preocuparte por el resultado, desliza tu mano sobre el objeto en tu bolsillo. Mientras lo haces, respira profundamente y recuerda: *"Estoy aquí, en este momento, y eso es suficiente."*

Ejemplo práctico:

Si un recuerdo de un error cometido en el trabajo reaparece constantemente, imagina que lo escribes en una hoja de papel y lo guardas en el cofre. Di en voz alta o mentalmente: *"Esto pertenece a un capítulo pasado. Ahora elijo avanzar."*

El "Ejercicio del Día Invertido"

Nuestra percepción del tiempo está fuertemente ligada a la línea cronológica pasado-presente-futuro. Este ejercicio rompe esa estructura y te ayuda a enfocarte en el ahora. Al final del día, en lugar de simplemente recordar lo que ocurrió, intenta narrar el día en orden inverso.

Comienza describiendo lo último que hiciste, como preparar la cena, y retrocede hasta lo primero, como levantarte por la mañana. Este proceso activa partes del cerebro relacionadas con la concentración y el enfoque, reduciendo la rumiación y la preocupación.

Ejemplo práctico:

Mientras te preparas para dormir, reflexiona: *"Hace un momento me lavé los dientes. Antes de eso, cené sopa caliente. Más temprano en el día, disfruté de un café al sol..."* Este ejercicio no solo entrena tu mente para anclarse al presente, sino que también promueve un sueño más reparador.

El Diario de los "Microtriunfos"

Cuando estamos atrapados en pensamientos sobre el pasado o el futuro, a menudo perdemos de vista los logros diarios, por pequeños que sean. Dedica unos minutos cada noche a escribir tres "microtriunfos" del día. Estos pueden ser tan simples como responder un correo importante, disfrutar un momento de risa con un amigo o incluso salir a caminar.

Este hábito cambia el enfoque de lo que falta por hacer a lo que ya se ha logrado, entrenando tu mente para buscar aspectos positivos en el presente.

Ejemplo práctico:

Después de un día agotador, anota: *"1. Terminé ese informe complicado a tiempo. 2. Preparé mi comida favorita para cenar. 3. Leí unas páginas de un libro que me inspira."* Cada entrada refuerza la idea de que el presente está lleno de logros, por más simples que parezcan.

La Técnica del "Tiempo Prestado"

Cuando te encuentres atrapado en preocupaciones sobre el futuro, imagina que el tiempo que tienes ahora es un préstamo precioso que debes aprovechar al máximo. Este enfoque transforma el estrés por lo que está por venir en una invitación a hacer algo significativo en el presente.

Piensa en cada hora como una oportunidad única que no regresará. Pregúntate: *"¿Qué puedo hacer con este momento que honre mi tiempo?"*

Ejemplo práctico:

Si estás inquieto por una presentación próxima, en lugar de quedarte paralizado por la anticipación, dedica los próximos 30 minutos a revisar un aspecto específico de tu presentación. Así conviertes la preocupación en acción productiva.

El Ahora: Tu Verdadera Fortaleza

La ciencia es clara: cuanto más permanecemos atrapados en el pasado o anticipando el futuro, más sufre nuestra salud mental y física. El cerebro humano está diseñado para sobrevivir, no para encontrar la paz en sí mismo. Por eso, al enfrentarnos a recuerdos dolorosos o miedos anticipados, la amígdala activa su sistema de alarma, llenándonos de cortisol y adrenalina. Este mecanismo, útil en tiempos primitivos, se convierte en una carga en la vida moderna, robándonos energía y claridad.

Sin embargo, los estudios también muestran que anclar la mente al presente puede literalmente reprogramar el cerebro. La práctica consciente del "aquí y ahora" refuerza la conexión entre la corteza prefrontal y las áreas emocionales, creando un equilibrio que nos permite tomar decisiones con calma, responder a los desafíos con confianza y experimentar una vida más rica y plena.

Imagínate este momento como un lienzo en blanco, donde cada segundo es una pincelada que define tu obra maestra. No hay sombra de errores pasados ni fantasmas de futuros inciertos, solo la oportunidad de crear con intención. El presente no es solo un refugio; es un campo de posibilidades ilimitadas, donde tu potencial puede desplegarse sin las cadenas del tiempo.

La clave no está en controlar el pasado ni en descifrar el futuro, sino en dominar el arte de estar plenamente vivo en este instante. Porque aquí, justo ahora, tienes el poder de reescribir la narrativa, de transformar el estrés en propósito y de convertir cada respiración en un paso hacia una vida más consciente y auténtica.

Al final, no se trata de cuánto tiempo tienes, sino de cuánta vida pones en cada momento. Y ese poder, inquebrantable y único, está al alcance de tu próxima respiración.

EL RETO DE 21 DÍAS PARA DESINTOXICAR TU MENTE

Antes de comenzar, tómate un momento para leer el siguiente compromiso contigo mismo. Primero, coloca tu mano dominante sobre tu pecho, y luego respira profundamente para centrarte. Cuando te sientas listo, lee el compromiso en voz alta. Asegúrate de sentir nada más que amor irradiando desde tu corazón mientras lo haces. Léelo como si estuvieras dirigiéndote a alguien que valoras profundamente, solo que esta vez, esa persona eres tú.

Mi Compromiso

Me comprometo a silenciar el ruido y a tomar control de mis pensamientos. El constante bullicio en mi mente puede ser abrumador, y puede ser difícil concentrarme en lo que realmente importa. Pero estoy decidido a liberarme de este ciclo de pensamientos excesivos y negativos. No dejaré que la ansiedad y el estrés gobiernen mi mente, sino que los enfrentaré con valentía y determinación.

Durante los próximos 21 días, seguiré la guía y dominaré mis emociones. Entiendo que esto no será fácil, pero estoy dispuesto a hacer el esfuerzo necesario para mejorar. Cada día, me tomaré el tiempo para reflexionar sobre mis pensamientos y emociones, y trabajaré activamente para cambiar cualquier patrón negativo. Practicaré la atención plena y el autocuidado, y me concentraré en estar presente en el momento.

No dejaré que los pensamientos limitantes me frenen. Sé que soy capaz de mucho más de lo que me doy crédito. Romperé con los pensamientos excesivos y tomaré medidas hacia mis metas. No permitiré que el miedo o la incertidumbre me impidan alcanzar mi máximo potencial. Confiaré en mí mismo y en mis habilidades, y tomaré los pasos necesarios para hacer realidad mis sueños.

Con cada día que pase, me volveré más fuerte y estaré más en sintonía con mi verdadero yo. Aprenderé a escuchar mi intuición y confiar en mi propio juicio. Cultivaré la autocompasión y la amabilidad hacia mí mismo, y dejaré de lado cualquier duda o diálogo interno negativo. Aprenderé a aceptarme y amarme tal como soy, y dejaré de lado la necesidad de ser perfecto o de complacer a los demás.

Entiendo que este viaje no será fácil, y habrá momentos de duda y lucha. Pero estoy dedicado a este viaje y no titubearé en mi compromiso de mejorarme. Me recordaré a mí mismo mis metas y el progreso que he hecho, y seguiré adelante. Seré paciente conmigo mismo y celebraré pequeños éxitos en el camino.

Recordaré que el verdadero cambio lleva tiempo, y no me desanimaré si cometo errores o me desvío del camino. Me perdonaré y lo intentaré de nuevo. Y seguiré trabajando para convertirme en la mejor versión de mí mismo.

Me comprometo a silenciar el ruido, tomar control de mis pensamientos y dominar mis emociones. No dejaré que la ansiedad y el estrés gobiernen mi mente. No permitiré que los pensamientos limitantes me frenen. Romperé con los pensamientos excesivos y tomaré medidas hacia mis metas. Me volveré más fuerte y estaré más en sintonía con mi verdadero yo. Estoy dedicado a este viaje, y no titubearé en mi compromiso de mejorarme. Seré paciente conmigo mismo y celebraré pequeños éxitos en el camino. Siempre recordaré que el verdadero cambio lleva tiempo. Estoy comprometido con este viaje.

Nota importante para los ejercicios:

Para lograr resultados óptimos en tus ejercicios, es fundamental complementar el trabajo mental con actividad física. Esto ayuda a liberar adrenalina acumulada, activar endorfinas y mantener un equilibrio entre mente y cuerpo.

Dedica **como mínimo 30 minutos al día** a alguna actividad física. Las opciones pueden variar según tus gustos y nivel de energía, pero lo importante es que sea algo que disfrutes y que mantenga tu cuerpo en movimiento. Aquí tienes algunas ideas:

Caminata al aire libre: Lo ideal sería si fuera en zonas verdes (parque, Jardín público, Reserva natural, Sendero, Bosque urbano.)

Entrenamiento funcional o gimnasio: Sesiones de fuerza, resistencia o cardio también son muy efectivas.

Danza o baile: Si prefieres algo divertido, bailar puede ser una manera increíble de distraerse y liberar endorfinas.

Horario recomendado:

Es **mejor realizar estas actividades antes de las 5:00 p.m.**. Esto es crucial porque, si haces ejercicio más tarde, podrías activar demasiado la adrenalina y alterar tus niveles de energía, lo que dificultaría un sueño reparador por la noche.

Frecuencia ideal:

Para obtener los máximos beneficios, procura realizar estas actividades al menos **6 veces por semana**. Esto te permitirá mantener una buena rutina, equilibrar tu energía y potenciar tu capacidad de concentración, creatividad y claridad mental.

Recuerda: El objetivo no es solo mejorar tu estado físico, sino también fortalecer tu mente para aprovechar al máximo cada momento de tu jornada. ¡Dedicar este tiempo a tu bienestar marcará la diferencia!

EJERCICIOS

Día 1: Control de Pensamientos y Emociones

Afirmación: "Soy dueño de mis pensamientos y emociones."

Explicación: Esta afirmación se repite varias veces al día para recordarte tu capacidad de controlar cómo piensas y sientes. Comienza el día repitiéndola en voz alta, cada vez que notes un pensamiento negativo, y antes de dormir para reforzarla en tu subconsciente.

Reflexión: "Ser conscientes de nuestros patrones de pensamiento es el primer paso para cambiarlos."

Cómo trabajarla: Esta frase debe ser leída al iniciar el día para recordarte que la autoconciencia es fundamental. Reflexiona sobre su significado al mediodía o antes de iniciar alguna actividad importante.

Actividades:

1. Escribe pensamientos negativos (5 minutos): Siéntate en un lugar tranquilo y permite que tus pensamientos fluyan. Anota todos los pensamientos negativos, incluso aquellos que parezcan insignificantes.

2. Reformula los pensamientos en positivos: Lee cada pensamiento negativo y reformúlalo en una versión más positiva. Por ejemplo, cambia "No soy bueno en mi trabajo" por "Estoy aprendiendo y mejorando cada día en mi trabajo."

3. Mindfulness de la respiración (5 minutos): Encuentra un espacio tranquilo, cierra los ojos y enfócate en tu respiración. Si surgen pensamientos, obsérvalos y déjalos ir sin juzgar.

4. Escribe 3 cosas por las que estás agradecido: Esta actividad te ayuda a cultivar una mentalidad positiva. Escribe estas cosas al iniciar o terminar tu día.

5. Establece un objetivo pequeño y da un paso hacia él: Haz que este objetivo sea sencillo y alcanzable, como organizar un espacio o completar una tarea pequeña. Haz un seguimiento de tu progreso.

Día 2: Manejo del Estrés

Afirmación: "Soy capaz de manejar mi estrés y emociones."

Explicación: Repite esta afirmación en momentos de tensión o al comenzar tu día. Recuérdate que tienes la capacidad de gestionar tu estrés.

Reflexión: "Es importante identificar las causas de nuestro estrés para abordarlas eficazmente."

Cómo trabajarla: Medita sobre esta reflexión al inicio de la jornada y antes de realizar la actividad de identificación de estresores.

Actividades:

1. Escribe tus factores de estrés (5 minutos): Dedica este tiempo a identificar las situaciones o pensamientos que te generan tensión.

2. Encuentra soluciones para cada estresor: Junto a cada factor de estrés, anota una posible solución o estrategia para enfrentarlo, como delegar tareas o practicar la meditación.

3. Relajación (10 minutos): Prueba la relajación muscular progresiva o ejercicios de respiración profunda para liberar la tensión acumulada.

4. Reflexiona sobre un momento en que manejaste bien el estrés: Escribe lo que funcionó en esa ocasión para recordarte que tienes habilidades de afrontamiento.

Día 3: Superar las Creencias Negativas

Afirmación: "Soy digno y merecedor de amor y respeto."

Explicación: Esta afirmación se dice en voz alta varias veces al día, especialmente al mirarte al espejo. Fortalece la autoestima y reduce la autocrítica.

Reflexión: "Nuestro crítico interno se alimenta de creencias negativas; desafiarlas puede silenciarlo."

Cómo trabajarla: Reflexiona sobre esta idea durante el desayuno o mientras te preparas para el día.

Actividades:

1. Escribe tus creencias negativas (5 minutos): Anota creencias como "No

soy lo suficientemente bueno" y sé honesto contigo mismo.

2. Busca evidencia en contra de esas creencias: Piensa en ejemplos que demuestren lo contrario. Por ejemplo, si piensas "No soy capaz", recuerda un logro reciente que lo desmienta.

3. Autocompasión en el espejo: Mírate al espejo, di palabras amables como "Estoy haciendo lo mejor que puedo y eso es suficiente."

4. Escribe algo que hiciste bien hoy: Refuerza la idea de que tienes logros diarios, por pequeños que sean.

5. Busca apoyo de alguien cercano: Hablar con una persona que te apoya reafirma tu valor y te da un impulso emocional positivo.

Día 4: Control de Reacciones Emocionales

Afirmación: "Tengo control sobre mis reacciones y comportamientos."

Explicación: Esta afirmación debe repetirse antes de enfrentarte a situaciones que puedan desencadenar reacciones emocionales intensas.

Reflexión: "La inteligencia emocional se trata de gestionar y expresar emociones de forma saludable."

Cómo trabajarla: Reflexiona sobre esto antes de situaciones sociales importantes o al escribir sobre tus emociones.

Actividades:

1. Identifica y etiqueta tus emociones (5 minutos): Usa un diario para reconocer emociones como tristeza, alegría o enojo.

2. Práctica de regulación emocional: Inhala profundamente y cuenta hasta 10 antes de reaccionar.

3. Reflexiona sobre un momento de expresión emocional saludable: Te ayudará a repetir esos comportamientos positivos.

4. Escribe algo positivo sobre una interacción reciente: Fomenta el refuerzo de tus habilidades sociales.

5. Práctica de escucha activa: Hazlo durante una conversación para mejorar la conexión y comprensión.

Día 8: Alcanzar el Potencial y Superar la Procrastinación

Afirmación: "Soy capaz de lograr mis objetivos y alcanzar mi máximo potencial."

Explicación: Repite esta afirmación en voz alta al iniciar el día y antes de comenzar cualquier tarea importante. Te ayudará a recordar tu capacidad para avanzar hacia tus metas.

Reflexión: "Superar la procrastinación implica establecer metas claras, crear un plan de acción y eliminar distracciones."

Cómo trabajarla: Medita sobre esta idea al planear tu jornada para mantener la claridad y el enfoque.

Actividades:

1. Escribe un objetivo que has estado posponiendo (5 minutos): Reflexiona sobre una meta importante que has retrasado y anótala.

2. Divide la meta en tareas más pequeñas y alcanzables: Haz una lista de pasos simples y específicos para descomponer el objetivo en acciones manejables.

3. Identifica distracciones y obstáculos potenciales: Anota posibles obstáculos y soluciones para evitarlos, como limitar el tiempo en redes sociales.

4. Da un primer paso hacia tu meta: Puede ser algo tan simple como enviar un correo o investigar un tema relevante.

5. Reflexiona sobre tu progreso: Celebra haber comenzado y reconoce tu esfuerzo, aunque el paso haya sido pequeño.

Día 9: Manejo de Emociones Difíciles

Afirmación: "Soy capaz de afrontar y superar emociones difíciles."

Explicación: Esta afirmación se repite especialmente cuando experimentas emociones fuertes, recordándote tu capacidad para gestionarlas de manera saludable.

Reflexión: "Está bien sentir emociones negativas, pero es importante encontrar maneras saludables de expresarlas y afrontarlas."

Cómo trabajarla: Léela por la mañana y en momentos de estrés emocional para mantener la perspectiva.

Actividades:

1. Escribe sobre una emoción difícil que estés sintiendo (5 minutos): Esto ayuda a aclarar lo que sientes y a externalizarlo.

2. Identifica una forma saludable de afrontar esa emoción: Puede ser salir a correr, hablar con un amigo o meditar.

3. Practica una técnica de relajación (10 minutos): Como respiración profunda o relajación muscular progresiva para liberar la tensión.

4. Busca apoyo en alguien cercano: Llama o habla con alguien que te pueda escuchar y ofrecer consuelo.

5. Reflexiona sobre un momento en que manejaste bien una emoción difícil: Escribe sobre lo que hiciste y lo que aprendiste de esa experiencia.

Día 10: Resiliencia ante la Adversidad

Afirmación: "Soy capaz de recuperarme de la adversidad y los contratiempos."

Explicación: Repite esta afirmación al iniciar tu día y antes de enfrentar desafíos, para recordarte tu fuerza interior.

Reflexión: "La resiliencia no significa evitar desafíos, sino aprender a afrontarlos y superarlos."

Cómo trabajarla: Reflexiona sobre esta frase mientras escribes sobre tus desafíos actuales.

Actividades:

1. Escribe un desafío reciente o contratiempo (5 minutos): Anota el evento y las emociones que desencadenó.

2. Identifica una lección que aprendiste de esa experiencia: Esto te ayudará a ver el lado positivo y a crecer a partir del desafío.

3. Reflexiona sobre un momento en que superaste un desafío con éxito: Recordar estos momentos refuerza la confianza en tu capacidad de manejar futuras dificultades.

4. Práctica de gratitud (escribe 3 cosas por las que estás agradecido): Mantiene una mentalidad positiva incluso en tiempos difíciles.

5. Da un paso hacia la superación del desafío actual: Puede ser investigar soluciones o planear tus próximas acciones.

Día 11: Encontrar Alegría y Plenitud

Afirmación: "Encuentro alegría y plenitud en mi vida."

Explicación: Esta afirmación se repite a lo largo del día para reforzar tu enfoque en lo que te brinda satisfacción y felicidad.

Reflexión: "La felicidad no consiste en perseguir placeres, sino en encontrar significado y propósito en la vida."

Cómo trabajarla: Léela por la mañana y reflexiona sobre ella mientras realizas tus actividades del día.

Actividades:

1. Escribe tus valores y metas personales (5 minutos): Clarifica lo que es importante para ti y por qué.

2. Reflexiona sobre cómo tus acciones se alinean con tus valores y metas: Evalúa si estás viviendo de acuerdo con lo que valoras.

3. Haz algo que te traiga alegría: Puede ser un hobby, escuchar música o pasar tiempo con un ser querido.

4. Reflexiona sobre una experiencia pasada que te haya traído significado y propósito: Escribe sobre por qué fue importante y cómo te impactó.

5. Da un paso hacia una de tus metas: Completa una acción, por pequeña que sea, que te acerque a tus objetivos.

Día 12: Soltar el Pasado y Enfocarse en el Presente

Afirmación: "Puedo soltar el pasado y enfocarme en el presente."

Explicación: Esta afirmación debe repetirse cada vez que tu mente se distraiga con recuerdos pasados o preocupaciones futuras.

Reflexión: "Dejar ir el pasado no significa olvidarlo, sino encontrar una forma de avanzar y vivir en el presente."

Cómo trabajarla: Reflexiona sobre esto en momentos de nostalgia o arrepentimiento.

Actividades:

1. Escribe cualquier arrepentimiento o pensamiento negativo sobre el pasado (5 minutos): Externaliza esos pensamientos para liberarlos.

2. Escribe una carta de perdón a alguien o a ti mismo: No es necesario enviarla; el acto de escribirla ayuda a procesar y liberar la emoción.

3. Reflexiona sobre algo de lo que estés orgulloso del pasado: Cambia el enfoque de lo negativo a lo positivo.

4. Practica la atención plena enfocándote en el momento presente (5 minutos): Deja ir las distracciones y concéntrate en el aquí y ahora.

5. Dedica tiempo a una actividad que te guste: Haz algo que disfrutes para reforzar la conexión con el presente: Prepara un dulce/juega con tu animal doméstico/ejercicios de estiramiento muscular.

Día 13: Mantener la Motivación y Alcanzar Metas

Afirmación: "Soy capaz de mantenerme motivado y lograr mis metas."

Explicación: Repite esta afirmación al inicio del día y durante los momentos en que sientas que tu motivación disminuye, para recordarte tu capacidad de perseverar.

Reflexión: "Mantenerse motivado implica establecer metas claras, celebrar los progresos y encontrar significado y propósito en lo que hacemos."

Cómo trabajarla: Reflexiona sobre esta idea cada vez que sientas que tu impulso se debilita.

Actividades:

1. Escribe un objetivo en el que estés trabajando actualmente (5 minutos): Anota tu meta y detalla por qué es importante para ti.

2. Divide el objetivo en tareas más pequeñas y alcanzables: Esto ayuda a que el objetivo parezca más manejable y alcanzable.

3. Reflexiona sobre tu progreso y celebra tus logros: Aprecia el camino recorrido y reconoce tus esfuerzos.

4. Encuentra el significado de tu objetivo: Identifica cómo se alinea con tus valores y cómo beneficiará a tu vida o a los demás.

5. Da un paso pequeño hacia tu meta: Completa una acción que te acerque a cumplir tu objetivo.

Día 14: Gestión Efectiva de Pensamientos y Emociones

Afirmación: "Soy capaz de manejar mis pensamientos y emociones de manera efectiva."

Explicación: Repite esta afirmación cuando enfrentes emociones intensas, para recordarte tu habilidad de controlarlas.

Reflexión: "La inteligencia emocional implica ser consciente de nuestras emociones y gestionarlas de forma saludable, además de ser empáticos con los demás."

Cómo trabajarla: Reflexiona sobre esta idea antes de enfrentarte a situaciones emocionales desafiantes.

Actividades:

1. Identifica y etiqueta tus emociones (5 minutos): Tómate un momento para escribir cómo te sientes y por qué.

2. Practica una técnica de regulación emocional, como respirar profundamente o contar hasta 10: Esto ayuda a calmar tu sistema nervioso.

3. Reflexiona sobre un momento en el que manejaste bien tus emociones: Escribe sobre lo que hiciste y qué te ayudó a lograrlo.

4. Practica la empatía tratando de comprender la perspectiva de otra persona: Esto fortalece tus habilidades de relación y comprensión.

5. Haz una breve llamada o envía un mensaje a un ser querido para preguntar cómo se siente: Fortalece la conexión y la empatía.

Día 15: Encontrar Paz Interior y Claridad

Afirmación: "Encuentro paz interior y claridad a través de la atención plena."

Explicación: Repite esta afirmación cuando te sientas abrumado o disperso, para ayudarte a reenfocar tu mente.

Reflexión: "La atención plena se trata de estar presente en el momento, no de vaciar la mente de pensamientos."

Cómo trabajarla: Reflexiona sobre esta idea antes de comenzar tus ejercicios de atención plena.

Actividades:

1. Enfócate en tu respiración durante 5 minutos y observa los pensamientos sin juzgarlos: Este ejercicio te ayuda a desarrollar la capacidad de observar sin reaccionar.

2. Practica la alimentación consciente prestando atención a cada bocado y saboreando los sabores: Esto te ancla en el presente.

3. cuando realices la caminata de la jornada presta atención a tu entorno: Observa los sonidos, los olores y las sensaciones físicas.

4. Reflexiona sobre una experiencia positiva de las últimas 24 horas: Escribe sobre ella y cómo te hizo sentir.

5. Dedica 5 minutos al final del día a una meditación de atención plena: Permite que tu mente se relaje y reciba el día con gratitud.

Día 16: Comunicación Clara y Efectiva

Afirmación: "Soy capaz de comunicar mis pensamientos y sentimientos de manera efectiva."

Explicación: Repite esta afirmación antes de una conversación importante o cuando desees expresarte con claridad.

Reflexión: "La comunicación efectiva implica tanto hablar como escuchar, además de ser consciente de las señales no verbales."

Cómo trabajarla: Reflexiona sobre esta idea cuando te prepares para una conversación significativa.

Actividades:

1. Practica la escucha activa repitiendo lo que alguien te ha dicho para confirmar la comprensión: Esto demuestra atención y respeto.

2. Identifica y etiqueta tus emociones antes de expresarlas a los demás: Esto ayuda a comunicar de forma más precisa.

3. Reflexiona sobre un momento en que te comunicaste de manera efectiva: Anota qué fue lo que ayudó a que la conversación fuera exitosa.

4. Usa frases con "yo" para expresar tus sentimientos sin culpar a otros: Esto evita malentendidos y fomenta la empatía.

5. Observa tu lenguaje corporal durante una interacción social: Presta atención a tu postura, expresiones faciales y tono de voz.

Día 17: Focalización en los Aspectos Positivos

Afirmación: "Puedo enfocarme en los aspectos positivos de mi vida."

Explicación: Repite esta afirmación al despertar y antes de acostarte para entrenar tu mente a ver lo positivo.

Reflexión: "La gratitud no es solo decir gracias, sino notar y apreciar activamente lo bueno en nuestras vidas."

Cómo trabajarla: Medita sobre esta idea cada vez que te sientas atrapado en pensamientos negativos.

Actividades:

1. Escribe 3 cosas por las que estás agradecido (5 minutos): Practica esto a diario para mantener un enfoque positivo.

2. Escribe una nota de agradecimiento a alguien que haya influido positivamente en tu vida: Puedes enviarla o guardarla como recordatorio.

3. Reflexiona sobre una experiencia pasada por la que estés agradecido: Describe cómo te impactó y por qué es importante para ti.

4. Practica la atención plena enfocándote en el presente y notando las cosas buenas a tu alrededor: Esto puede ser tan simple como observar la naturaleza o disfrutar de una taza de café.

5. Comparte tu gratitud con alguien más: Agradece a un amigo, familiar o colega, ya sea en persona o por mensaje.

Día 18: Supera la Procrastinación y Aumentar la Productividad

Afirmación: "Soy capaz de superar la procrastinación y aumentar mi productividad."

Explicación: Repite esta afirmación al iniciar tu día y cada vez que sientas la tentación de posponer tareas.

Reflexión: "Superar la procrastinación implica establecer metas claras, crear un plan de acción y eliminar distracciones."

Cómo trabajarla: Reflexiona sobre esta idea antes de comenzar tu jornada y al planificar tus tareas.

Actividades:

1. Escribe un objetivo que hayas estado posponiendo (5 minutos): Detalla por qué es importante y qué te ha frenado.

2. Desglosa el objetivo en tareas más pequeñas y manejables: Esto hará que el objetivo parezca más accesible y te ayudará a empezar.

3. Identifica posibles distracciones y obstáculos y elabora un plan para superarlos: Planifica cómo minimizar estas interrupciones.

4. Da un pequeño paso hacia tu meta: Realiza una tarea que te acerque a completar tu objetivo.

5. Reflexiona sobre tu progreso y date crédito por lo que has logrado: Reconocer tus logros, incluso los pequeños, refuerza la motivación.

Día 19: Manejar y Superar Emociones Difíciles

Afirmación: "Soy capaz de enfrentar y superar emociones difíciles."

Explicación: Repite esta afirmación cuando te enfrentes a emociones intensas para recordarte que eres capaz de gestionarlas.

Reflexión: "Es normal sentir emociones negativas, pero es importante encontrar formas saludables de afrontarlas y expresarlas."

Cómo trabajarla: Reflexiona sobre esta idea cuando te sientas abrumado por emociones fuertes.

Actividades:

1. Escribe una emoción difícil que estés experimentando (5 minutos): Ponle nombre y reflexiona sobre su origen.

2. Identifica una forma saludable de expresar o manejar esa emoción: Puede ser hablar con un amigo, hacer ejercicio o escribir un diario.

3. Practica una técnica de relajación, como la respiración profunda o la relajación muscular progresiva (10 minutos): Esto ayuda a calmar tu mente y cuerpo.

4. Contacta a un amigo o ser querido para que te escuche: Compartir tus emociones puede aliviar la carga emocional.

5. Reflexiona sobre un momento en el que manejaste con éxito una emoción difícil y anota qué te ayudó en esa ocasión: Este ejercicio refuerza la confianza en tus habilidades para afrontar desafíos emocionales.

Día 20: Ser Resiliente y Afrontar Adversidades

Afirmación: "Soy capaz de recuperarme de la adversidad y los contratiempos."

Explicación: Repite esta afirmación para recordarte tu fuerza interior en momentos de dificultad.

Reflexión: "La resiliencia no consiste en evitar los desafíos, sino en aprender a enfrentarlos y superarlos."

Cómo trabajarla: Reflexiona sobre esta idea al comienzo de situaciones estresantes o después de un revés.

Actividades:

1. Escribe sobre un desafío o contratiempo reciente (5 minutos): Reconoce el impacto que tuvo en ti.

2. Identifica una lección que hayas aprendido de la experiencia: Esto te ayudará a ver la adversidad como una oportunidad de crecimiento.

3. Reflexiona sobre un momento en el que superaste con éxito un desafío y anota qué te ayudó a lograrlo: Este ejercicio refuerza tu resiliencia.

4. Practica la gratitud escribiendo 3 cosas por las que estás agradecido: Ayuda a cambiar la perspectiva hacia lo positivo, incluso en tiempos difíciles.

5. Da un paso pequeño hacia la superación del desafío actual: Esta acción puede ser simbólica o práctica, pero debe acercarte a la solución.

Día 21: Encontrar Alegría y Plenitud en la Vida

Afirmación: "Soy capaz de encontrar alegría y plenitud en mi vida."

Explicación: Repite esta afirmación para recordarte que la felicidad está en el significado y la realización, no solo en la búsqueda constante de placer.

Reflexión: "La felicidad no se trata de perseguir el placer constantemente, sino de encontrar significado y propósito en la vida."

Cómo trabajarla: Reflexiona sobre esta idea al comenzar y finalizar tu día.

Actividades:

1. Escribe tus valores y metas personales (5 minutos): Ayuda a clarificar qué es lo que realmente te trae alegría y propósito.

2. Reflexiona sobre cómo tus acciones se alinean con tus valores y metas: Esto refuerza el sentido de propósito y dirección en tu vida.

3. Practica el autocuidado haciendo algo que te traiga alegría: Puede ser leer, dibujar, bailar o cualquier actividad que te llene de felicidad.

4. Recuerda una experiencia pasada que te haya brindado significado y propósito: Escribe sobre cómo te hizo sentir y qué aprendiste.

5. Da un pequeño paso hacia la realización de una de tus metas: Cada pequeño avance contribuye a una vida más plena y significativa.

Al practicar estos ejercicios durante 21 días, puedes desarrollar una mayor autoconciencia, resiliencia y una actitud más positiva hacia la vida.

CONCLUSIÓN

¡Felicitaciones por haber llegado al final de esta obra! Felicitaciones por haber buscado la ayuda que necesitabas. Si te interesaste en este contenido, es evidente que querías resolver tu problema de pensamiento excesivo. Tu bienestar estaba entre tus prioridades, y diste el paso inicial más importante: buscar una solución. Este es un paso que muchos no se atreven a dar. A pesar del malestar que el pensamiento excesivo puede causar —como insomnio, ansiedad, y estrés—, muchas personas se acostumbran a convivir con él, llegando a concebirlo como una parte normal de sus vidas.

Pero no es justo. No es justo que el pensamiento excesivo se convierta en tu normalidad, que limite tu potencial o desencadene emociones negativas y una baja autoestima. No es algo con lo que nadie debería lidiar para siempre. Y definitivamente, no será tu caso, siempre que no te conformes únicamente con el conocimiento adquirido en este libro.

Ahora está en tus manos poner en práctica lo aprendido, actuar y comenzar el camino hacia la transformación de tus pensamientos y tu paz mental. Como en cualquier viaje hacia un objetivo, encontrarás obstáculos en el camino, pero esta obra te ha preparado para enfrentarlos. Puedes superarlos, incluso si sientes miedo o te percibes débil. Porque, aunque ahora no lo creas, dentro de ti hay una enorme fuerza.

Esa fuerza es la llama de la voluntad, inherente a todos los seres humanos. Todos podemos activarla cuando deseamos algo profundamente, cuando tenemos suficiente motivación. Si has llegado hasta este punto del libro, ya sabes que hay un mundo más allá de la incertidumbre, el estrés y las preocupaciones. Hay una vida más allá de darle vueltas a los mismos pensamientos una y otra vez. ¿Cómo no encontrar motivación para ponerle fin a un hábito tan limitante como el pensamiento excesivo?

Cada día de tu vida está pasando mientras rumeas tus pensamientos. Estás perdiéndote el presente por torturarte con preocupaciones innecesarias. Estás dejando pasar oportunidades que tu mente sobrecargada no te permite aprovechar. El miedo, en lugar de protegerte, está frenándote. Pero con determinación, aunque al principio te asuste, aunque no te creas capaz, aunque las técnicas aprendidas aquí no parezcan efectivas de inmediato, si persistes y sigues el proceso, no solo mejorarás, te transformarás.

Pasarás de ser una persona insegura, temerosa y ansiosa, a convertirte en tu mejor versión: alguien con confianza, autoestima y serenidad. Estas cualidades, sin duda, te llevarán a una vida más feliz. Y eso es lo esencial: conquistar tu mente para conquistar tu felicidad. Porque de eso se trata, de que logres ser verdaderamente feliz.

El pensamiento excesivo te ha mantenido lejos de esa felicidad, pero puedes volver a encaminarte hacia ella. Y para facilitar ese proceso, dentro de estas páginas he incluido un **BONUS EXCLUSIVO** y un **PLAN DE 21 DÍAS**, diseñados específicamente para ayudarte a implementar todo lo aprendido. Estos recursos te guiarán paso a paso en este viaje hacia una mente más clara y una vida más plena. ¡Asegúrate de consultarlos para maximizar tu progreso!

Así que, compañero de camino, este es tu momento. Haz una promesa contigo mismo: ser amable, ser valiente al enfrentar tus miedos y tomar las riendas de tu vida. El camino hacia una mente en calma y un corazón pleno comienza aquí y ahora.

RECUERDA, TIENES EL PODER. TODO LO QUE NECESITAS YA ESTÁ DENTRO DE TI.

Si quieres dejar tu opinión y obtener un bonus, abre este QR Code o entra directamente en este enlace:

WWW.FABIANGARCIAINFO.COM

Sígueme en Instagram/tik tok

Fabian Garcia (@fabiangarcia)

Made in United States
Cleveland, OH
26 March 2025

15536965R00068